KLEINE AUSZEITEN
IM

-WESERBERGLAND-

KLEINE AUSZEITEN IM

WESERBERGLAND

UDO HAAFKE

WOCHENEND & WOHNMOBIL

CAMPING- & STELLPLÄTZE · HIGHLIGHTS · AKTIVITÄTEN

BRUCKMANN

INHALT

Die Weserufer bei Rinteln mit Blick über Engern auf den Kamm des Wesergebirges

SAGENHAFTES WESERBERGLAND

Romantik am Fluss

Schafe genießen das noch vom Morgentau feuchte Gras zum Frühstück am Ufer.

Gleich drei Bundesländer durchmisst die Weser in ihrem oberen Abschnitt, nachdem sich Fulda und Werra bei Hann. Münden nicht gesucht, aber dennoch gefunden haben. Gemeinsam, nun salomonisch Weser genannt, bahnen sie sich ihren Weg durch beschauliche Mittelgebirgslandschaften, um schließlich in Minden durch Wiehen- und Wesergebirge in die norddeutsche Tiefebene, später zum Meer zu gelangen.

Die Weser … sie entspringt nicht einfach, sie wird »schaumgeboren« am Zusammenfluss von Fulda und Werra in Hann. Münden, um sogleich in eleganten Schwüngen die heimelige Mittelgebirgslandschaft dies- und jenseits ihrer Ufer zu durchmessen. Dabei passiert sie verträumte Dörfer wie bezaubernde kleine und größere Städte in beeindruckender Fachwerkbeschaulichkeit, bevor sie unterhalb der Porta Westfalica in die niedersächsische Tiefebene entschwindet. Der Anmut der Region, die zugleich meist auch ihre Heimat war, erlagen insbesondere Literaten der Romantik und des Realismus, die sie zu fantasievollen Werken inspirierten. Schlösser und Burgen wurden zum Schauplatz manch illustrer Sage und Legende. So treffen wir bei der gemütlichen Erkundung des Weserberglandes in zehn Kapiteln mit unserem Wohnmobil gleich mehrfach auf Wilhelm Busch, Wilhelm Raabe und die Märchenfiguren aus den Sammlungen der Gebrüder Grimm, auf Baron Münchhausen, den Rattenfänger von Hameln und Kaiser Wilhelm. Ausgehend von Camping- und Stellplätzen, oft unmittelbar am Weserufer gelegen, begeben wir uns auf geschichtsträchtige Stadtspaziergänge, auf Wanderungen und Radtouren durch dunkle Wälder und sanft wogende Kulturlandschaften und zu den imposanten Bauwerken der Weserrenaissance.

REIZ DER ENTSCHLEUNIGUNG

Um es schon vorwegzunehmen: Das Weserbergland ist brav und bescheiden, es bietet keine Extreme, kein Drama, eine malerische Hügellandschaft, aber keine Gebirge, ist links und rechts der mitunter schroffen, überwiegend aber flachen Ufer des gemächlich dahinfließenden Stromes beinahe rührend ruhig und unspektakulär und wird deshalb leider gern übersehen. Der zauberhafte Charme der Region offenbart sich mehr im Kleinen, in den feinen, intimen Details der reizvollen Städte- und Dorfszenarien, in den weiten, dunklen Wäldern, die sich über moderate Höhen ziehen, den fruchtbaren, von der Sonne verwöhnten Wiesen und Feldern, in den ehrwürdigen Klöstern voller Tradition, den trutzigen Burgen und Burgruinen, deren Mauern Geschichten erzählen, und den stolzen, traumhaft schönen Schlössern und ihren verborgenen kulturellen Schätzen. Für unsere Touren mit dem Wohnmobil bedeutet das also unbedingt Eile mit Weile und entschleunigtes Reisen mit viel Sorgfalt und Bedacht. Vielfach können wir nämlich das Mobilheim einfach stehen lassen und uns zu Fuß oder mit dem Fahrrad auf den Weg machen.

ARCHITEKT(O)UR

Das Zauberwort der Region heißt »Weserrenaissance«. Dieser besondere, in Kunstkreisen wegen seiner lokalen Eingrenzung nicht ganz unumstrittene Architekturstil, der uns auf Schritt und Tritt begegnet und jeden in seinen Bann zu ziehen vermag, war und ist in seiner ungewöhnlichen Vielfalt und

Im Seitenflügel des Bückeburger Schlosses residiert die Schaumburger VHS.

Der Brunnen von 1985 auf dem Marktplatz in Rinteln stellt Weserbögen dar.

Dichte prägend für das Tal am Oberlauf der Weser. Waren es zuerst die neuen Wohnstätten des Adels, die ab 1530 in ihrem äußeren Erscheinungsbild geometrische Formen mit halbkreisförmigen Giebeln und Elementen der Gotik verbanden, folgten dem Trend schon bald das betuchte Bürgertum und reiche Kaufleute. Sie prägten mit ihren prachtvollen Bürgerhäusern nachhaltig die Innenstädte entlang einer pulsierenden Lebensader, die als bedeutsamer Handelsweg von großer wirtschaftlicher Bedeutung war. So entstand der wunderbare Traum in Fachwerk, den wir heute, oft natürlich in restaurierter Form, bewundern dürfen, in beinahe komplett erhaltenen Gebäudeensembles, die, wären da nicht die Werbeikonen und gern etwas opulenten Marketingmaßnahmen von Ladenbesitzern, uns glatt ein paar Jahrhunderte zurückversetzen könnten. Kunstvolle Schnitzereien und Figuren, ganze Bildergeschichten, aber auch lange Texte auf den Giebelbalken, Fächerrosetten, Utluchten und Standerker in schier unglaublicher Variationsbreite prägen das Bild der Orte, wo natürlich auch das Kopfsteinpflaster nicht fehlt. Nicht selten wurde sogar ganze, bereits bestehende Bausubstanz im Bereich der Fassaden mit der beschaulichen Renaissancezier veredelt.

◀ Münchhausen-Brunnen in Bodenwerder ▶ Der gestiefelte Kater weist den Weg.

SEGEN STATT FLUCH

Der Beginn des Dreißigjährigen Krieges setzte dem Prunk der verspielten Bautätigkeiten ein jähes Ende. Unter der Ägide des Feldherrn Tilly, der uns auf unseren Wegen ebenfalls mehrfach begegnet, war Zerstörung angesagt. In der Mitte des 17. Jahrhunderts sollte der Barock die Renaissance ablösen, doch während andere Regionen sich recht schnell erholen konnten, dauerte es entlang der Oberweser wesentlich länger; nur langsam kam die Wirtschaft wieder in Fahrt. Ein Umstand, dem wir es zu verdanken haben, dass uns die Weserrenaissance in diesem beeindruckenden Glanz erhalten blieb. Und auch die Romantiker und ihre späteren Nachfolger in Literatur und Kunst schätzten die besondere, nicht nur architektonische Charakteristik der Region, die sich in unzähligen Sagen und Legenden widerspiegelt. Goethe nutzte seine Kuraufenthalte in Bad Pyrmont für Ausflüge nach Lügde, die Gebrüder Grimm sammelten fleißig Anekdoten und Überlieferungen, verquickten sie in ihren Märchen wie jene des Hamelner Rattenfängers, Münchhausen erzählte zur allgemeinen Belustigung hanebüchene Geschichten, die bald zum eigenen

Leidwesen und zu Lasten seines Leumundes veröffentlicht wurden, Wilhelm Busch ersann seine Lausbubengeschichten, und Wilhelm Raabe lieferte pointierte Beschreibungen seiner Heimat. Sie alle treffen wir hier und da an, ihre Protagonisten indes noch viel häufiger. Vor allem Märchenfiguren wie Dornröschen, Schneewittchen oder Aschenputtel, deren Handlungsstränge ins Weserbergland verortet wurden, manchmal aber auch aus reinem Pragmatismus, weil die Deutsche Märchenstraße hier entlangführt und man gern auf zugkräftiges Marketing setzt.

UNTERWEGS

Die Straßenverhältnisse im Weserbergland sind sehr ordentlich und bereiten Wohnmobilisten wenig Probleme. Hin und wieder können Serpentinen für leichte Schweißausbrüche sorgen, insbesondere dann, wenn zeit- und ortsgleich meist im Pulk auftretende motorisierte Zweiräder unterwegs sind. Baustellen und Straßensperrungen bringen zuweilen immer und überall einen ursprünglichen Zeitplan ins Wanken, daher macht es zumindest in der Hauptsaison unbedingt Sinn, eine vorherige Platzreservierung am gewünschten Zielort vorzunehmen. Meist besitzen die Plätze aber auch eine zusätzliche Stellmöglichkeit am eigenen Gelände, wenn man sich zu

Übersetzen auf traditionelle Art mit der Gierseilfähre von Polle.

arg verspätet. Die Querung der Weser erfolgt über Brücken oder die urigen, kleinen Gierseilfähren, die, wenn überhaupt (einige sind nur für den Transport von Zweirädern und Fußgängern ausgelegt), oft nicht mehr als maximal vier Fahrzeuge mitnehmen können. Bei niedrigem Wasserstand ist selbst dies nicht mehr möglich und erfordert unter Umständen größere Umwege. Die Fährleute gehen da gerne auf Nummer sicher, denn niemand möchte mit seinem Gefährt an der Uferkante aufsetzen und die Verantwortung dafür übernehmen. Die meisten der Fährverbindungen sind im Übrigen Saisonbetriebe und verkehren nicht während der Wintermonate.

GESCHMACKVOLL

In der kalten Jahreszeit sind auch die weit verbreiteten und populären Biergärten und Gartenterrassen geschlossen und wir genießen das kulinarische Weserbergland im gerne einmal rustikalen Ambiente eines Klostercafés oder in der stilvollen Aura eines Schlossrestaurants. Obwohl die Produkte an Speisen und Getränken aus dem Weserbergland eine große Bandbreite bei gleichzeitig hoher Qualität abdecken, gibt es eigentlich

Typisch, authentisch, regional: kulinarische Produkte des Weserberglands

Die Rintelner Weserbrücke war 1946 die erste Straßenbrücke über den Fluss.

kein Gericht, das den Typus der Region reflektiert. Es sind mehr die individuellen Spezialitäten, die aus den einzelnen Orten kommen und erst in ihrer Gesamtheit ein Bild ergeben. Wild aus den Wäldern ist in Varianten weithin verbreitet, Bier aus lokalen Brauereien und speziell natürlich aus der ungekrönten Bierhauptstadt Einbeck, auch die diversen Wurst- und Fleischerzeugnisse von Schaf, Schwein und dem besonders gehegten Roten Höhenvieh. Die Küche zeichnet eine ausgeprägte, wohl gepflegte Bodenständigkeit, meist rund um die allgegenwärtige Kartoffel, aus. Sie kommt vielleicht am besten im »Pekermett« aus dem Solling zum Ausdruck. Es bezeichnet Kartoffelhälften, die an den Wänden gusseiserner Öfen kleben und herunterfallen, wenn sie gar sind. Mit Salz und Butter, Wurstresten und Sülze war es das Essen der armen Leute, das zumindest auf dem Pekermarkt in Uslar im September verkostet werden kann.

VOR ORT

Meist muss man nicht bis in die Zentren der Städte und Dörfer hineinfahren, oft bieten sich Stellplatzmöglichkeiten an größeren öffentlichen, innenstadtnahen Parkplätzen oder, etwas seltener, eigens ausgewiesenen Wohnmobil-Stellplätzen mit entsprechenden, meist einfachen Fazilitäten an. Diese Bereiche liegen gern etwas außerhalb bei Schwimmbädern, Schulen oder Sportplätzen und bedingen einen kleinen zusätzlichen Fußmarsch in die City. Der lässt sich aber verschmerzen, da auf diese Weise weder großartige fahrkünstlerische Kurbeleien noch ähnlich aufwendige Wendemanöver vonnöten sind. Auch das zielgenaue Durchsteuern schmaler

Der Parkplatz am Zentrum von Stadthagen eignet sich auch fürs Wohnmobil.

Gassen fällt aus, sollte im Übrigen auch unbedingt vermieden werden, denn zwischen rustikalen Stadtmauern und nostalgischem Fachwerk kann es unangenehm eng zugehen. Daher bevorzugen wir die Campingplätze, die sich nah am Ortszentrum befinden, das folgerichtig sehr leicht erreichbar ist und zur allgemeinen Entspannung beiträgt. Zumeist liegen auf den Plätzen die für die Reisemobile ausgewiesenen Bereiche unmittelbar am Weserufer, was natürlich eine prima Aussicht garantiert. Internet ist mittlerweile Standard und wird daher in den Beschreibungen der Plätze nicht mehr eigens erwähnt. Darüber hinaus kann die Zufahrt komplett automatisiert sein, und die Begleichung der Gebühren erfolgt am Automaten, gern auch per Kartenzahlung. Hier erlebt man ganz unterschiedliche Verfahrensabläufe, die mitunter ihre Tücken haben können, aber Übung macht schließlich den Meister. Manchmal muss zusätzlich Kurtaxe entrichtet werden.

UMFANGREICHE AKTIVITÄTEN

Die den einzelnen Kapiteln zugeordneten Campingplätze sind als geeignete, regionale Empfehlungen zu sehen. Da einige davon recht nah beieinander liegen, ist also ein Wechsel des Standortes ohne Probleme möglich, denn die Ziele in der Umgebung bleiben von hier wie von dort leicht erreichbar. Überhaupt bietet sich uns mehrfach die Möglichkeit, für Ausflüge ganz auf unser Fahrzeug zu verzichten, den Rucksack zu schnüren und stattdessen einfach in den nahen Ort zu laufen oder das eigene bzw. geliehene Fahrrad zu nehmen. Da wir uns grob entlang des Verlaufs der Weser mehr oder weniger parallel zum Fernwanderweg mit dem großen W, dem »Weserbergland-Weg«, bewegen, haben wir immer wieder die Möglichkeit, einzelne Teilstrecken vom Campingplatz aus zu absolvieren. Darüber hinaus beginnen und enden an den Plätzen viele spannende, gut ausgeschilderte Wanderwege in unterschiedlichen Anforderungsprofilen. Für den Rückweg gibt es meist den ÖPNV oder den Personenschiffsverkehr auf der Weser, der bei Niedrigwasser jedoch eingestellt wird. Auch die ersten Etappen des Fernradweges »Weser-Radweg« führen mal links, mal rechts des Weserufers mitten durch das Tal. Zu den teilweise umfangreichen Aktivitätsangeboten der Campinganlagen zählt zudem der Wassersport in vielfältigen Variationen. Reizvoll dabei ist eine Kanuwanderung speziell auf der jungen Weser, die vom Wasser aus ganz neue Perspektiven eröffnet.

Der Weser-Skywalk bietet beste Aussichten bis nach Bad Karlshafen.

RUND UM HANN. MÜNDEN

An der Weserquelle

Die Fulda und ihr Schleusenkanal von 1897 umschmiegen den Unteren Tanzwerder.

1

Die günstige Lage im Scheitelpunkt dreier Flusstäler verschaffte der Stadt Münden, seit 1991 Hann. Münden, schon in ihrer frühesten Geschichte große wirtschaftliche Macht als bedeutsamer Handelsplatz und Verkehrsknoten. Umgeben von waldreichen, mystisch anmutenden Höhenzügen, bildet sie den südlichen, mithin malerischen Zugang zum Weserbergland.

Aus der Höhe der Tillyschanze bietet sich ein wunderbarer Ausblick über den von Fulda und Werra gesäumten Talkessel, in den sich der Fachwerkort Hann. Münden gemütlich hineinkuschelt. Unmittelbar unter uns liegt die Fuldainsel Tanzwerder mit dem Campingplatz der Busch Freizeit und Touristik GmbH auf dem wir unser Wohnmobil recht idyllisch in parkähnlichem Gelände am kanalartigen Fulda-Nebenarm platziert haben.

AUSSICHT ÜBER STADT UND TAL

Zunächst führt es uns auf dem ausgeschilderten, recht steil im Zickzack teils mit Stufen verlaufenden Wanderweg zum Gedenkturm, der an die blutige Eroberung der Stadt 1626 durch den legendären Feldherrn erinnert. Im Dreißigjährigen Krieg konnte Tilly von dieser 215 Meter hoch am Felsen gelegenen Stelle das Areal bestens beobachten. Der Bau des 25 Meter hohen, runden Aussichtsturms mit innen liegender Wendeltreppe erfolgte in den 1880er-Jahren. Gegen einen geringen Obolus können wir das Mündener Panorama genießen. Im Nebengebäude des kleinen Komplexes findet sich zudem ein winziges Museum zur Turmhistorie. Direkt dahinter verläuft die Grenze zwischen den Bundesländern, worauf uns ein farbenfrohes Schild mit den beiden Landeswappen hinweist.

WALDGASTSTÄTTE TILLYSCHANZE Das nette Lokal direkt gegenüber mit einer leckeren bodenständigen Küche stellte 1993 ein bürokratisches Unikum dar, wurde es doch bei der Zuteilung der neuen Postleitzahlen vergessen. So erhielt es für kurze Zeit eine vielsagende fünfstellige »0« und gehört seit 2015 zumindest postalisch zu Niedersachsen, obwohl hessisch und Teil der zweitgrüßten Gemeinde dieses Bundeslandes. Bierweg 1, 34346 Hann. Münden, www.tillyschanze.de

1

INSELVERGNÜGEN

Der Rückweg zum Tanzwerder führt uns über die Route durch den Wald und die Mündener Siedlung am linken Fuldaufer zurück zum Fluss und über die leicht schwingende **Hängebrücke**, um wieder auf die Insel zu kommen. Der eiserne Vorgänger der ikonischen, zu diesem Zeitpunkt 80 Jahre alten Querung musste 1979 wegen extremer Korrosionsschäden abgerissen und durch eine geschweißte Konstruktion ersetzt werden. Unmengen von Liebesschlössern haben den blau getünchten Stahl längst zur geisterhaften Vermehrung entdeckt. Tanzwerder, der ungewöhnliche Name einer der vier aus verlandeten Ablagerungen entstandenen Inseln im »Quellgebiet« der Weser, leitet sich von der ausgiebigen Nutzung der Fläche für unterschiedlichste Veranstaltungen und Festivitäten nachweislich schon seit Beginn des 15. Jahrhunderts ab. Gefeiert wird hier immer noch des Öfteren, etwa beim seit 2016 regelmäßig stattfindenden Open Air Festival »Rock for Tolerance«, doch das weitläufige Grün, das zum Tanze lud, ist nun weitestgehend schnödem Grau gewichen und wird auch als Wohnmobil-Stellplatz »Am Weserstein« genutzt.

Der Mühlenarm der Fulda spiegelt die Fachwerkkulisse am Kasseler Schlagd.

◀ Die schwungvolle Hängebrücke über die Fulda ▶ Der Weserstein von 1899

Tipp

Mit dem Ausflugsschiff M/S Weserstein kann man zwischen Mai und Oktober Rundfahrten auf Fulda und Weser, ausgehend vom Unteren Tanzwerder in Hann. Münden, unternehmen. Zauberhafte Naturerlebnisse und idyllische Landschaften werden dabei erlebbar gemacht, ebenso das ungewöhnliche Gefühl beim Schleusen. Darüber hinaus gibt es verschiedene Themenfahrten. Täglich nach Abschluss der Fahrten wird aus dem Kreuzfahrtschiff ein schwimmender Biergarten. www.weserstein-touristik.de

DER STEIN AN DER QUELLE

Absolutes Muss eines Hann.-Münden-Aufenthaltes ist der Besuch des viel besungenen Wesersteins, der seit 1899 die Nordspitze des Tanzwerders ziert. »Wo Werra sich und Fulda küssen, / Sie ihre Namen büßen müssen , / Und hier entsteht durch diesen Kuss, / Deutsch bis zum Meer der Weser Fluss« lautet die poetische Inschrift auf dem mächtigen Findling, der im Schatten des Laubwerks einer noch mächtigeren Linde seine Popularität genießt. Das Gedicht skizziert zwei bedeutende Eigenschaften der Weser, als einziger deutscher Fluss, der ausschließlich durch das Bundesgebiet fließt, als einziger Strom, der ganz ohne Quelle auskommt. Der Stein ist Endpunkt des 500 Kilometer langen Fernwanderwegs »Werra-Burgen-Steig«. Für noch mehr regionalen Patriotismus sorgt die Weserliedanlage am Hang des gegenüberliegenden, zum Naturpark Bramwald gehörenden Questenbergs. Errichtet im Jahr 1931, stellt sie eine etwa 190 Meter hoch gelegene, im Rondell gemauerte Aussichtsterrasse dar. Bildtafeln zeigen den kompletten Text des Weserliedes und die Reliefporträts des Komponisten Pressel wie des Liedverfassers von Dingelstedt. Am spannendsten aber ist der Blick auf die Fulda, die Tanzinsel und die Altstadt von Hann. Münden, die Alexander von Humboldt als eine der sieben am schönsten gelegenen Städte der Welt bezeichnete.

Die Mühlenbrücke führt vom Unteren Tanzwerder in die malerische Innenstadt.

DER GETEILTE TANZWERDER

Seit 1897 unterteilt ein **Schleusenkanal** die Insel in den Oberen und den Unteren Tanzwerder, angelegt zur Optimierung der Transportmöglichkeiten und zur Regulierung der Wasserstände. Die noch originale historische Drehbrücke über die Schleuse ist der einzige Zugang zu unserem Campingplatz auf dem Oberen Tanzwerder, also dem etwas kleineren südlichen Inselteil. Mit einer Breite von 2,50 Metern und einem zulässigen Gesamtgewicht von 3,5 Tonnen ist die Zufahrt über das Brückchen allerdings nicht für jedes Wohnmobil geeignet, das Manövrieren verlangt zudem eine gewisse Zielsicherheit. Die knapp 77 Meter lange, einem hölzernen überdachten und leicht gekrümmt verlaufenden Wehrgang nicht unähnliche **Mühlenbrücke** sorgt seit 1979 für die fußläufige Verbindung zwischen dem Unteren Tanzwerder und der Altstadt. Im späten Mittelalter gab es auf dem überquerten Inselchen, dem **Eselwerder**, eine wirtschaftlich bedeutsame Wassermühle.

RENAISSANCE ALLÜBERALL

Hann. Münden wurde um 1175 systematisch im spitz zulaufenden Dreieck angelegt. Von der schützenden Stadtbefestigung, bestehend aus Stadtmauer, mehreren Toren und insgesamt 26 Türmen, sind noch einige Bereiche und Bauten erhalten. Die große Menge an Fachwerkhäusern in den Straßen und Gassen spiegelt in ihrer harmonischen Gesamtheit noch stets den Reichtum der mittelalterlichen Handelsmetropole wider. Da stimmen die aktuell recht hohen Leerstände der örtlichen Geschäftswelt fast melancholisch. Das Herzstück der Altstadt bildet der **Marktplatz** mit dem **Rathaus**. Der gotische Saalbau aus dem 14. Jahrhundert wurde um 1615 im Stil opulenter Weserrenaissance umgebaut und gilt als eines der wegweisenden Bauwerke dieser Epoche. Geschnitzte, bunt bemalte Figuren, Tierköpfe und verschiedene Symbole um Portal und Fassade liegen jedoch nah an der Grenze zum architektonischen Kitsch, überspannen beinahe den Gestaltungsbogen guten Geschmacks. Dreimal am Tag ertönt das Glockenspiel am mittleren Giebel des Verwaltungsgebäudes und zeigt den bekanntesten Bewohner der Stadt, Doktor Johann Andreas Eisenbarth, in einem Figurenumlauf mit Szenen aus seinem Leben.

Tipp

Unterhaltsames wie informatives Straßentheater erleben wir auf einer Stadtführung durch Hann. Münden mit Johann Andreas Eisenbarth. In voller Montur mit mächtiger Perücke wandelt er mit seinen Gästen auf den eigenen barocken Spuren in der Stadt, besucht die Orte seiner skulpturalen Ebenbilder und vermittelt amüsante Anekdoten, Geschichten und Geschichte. www.hann.muenden-erlebnisregion.de

◀ Am Rathausportal ▶ Der Szeneplatz zwischen Rathaus und St. Blasius

1

DER INSELARZT

Das Image des Wanderdoktors war kein Gutes, sein Genius verkannt. Doch er leistete nach dem Dreißigjährigen Krieg hervorragende chirurgische Arbeit. Um seine Handwerkskünste anwenden zu können, bediente er sich eines damals noch unbekannten Marketings: Er verteilte Flugblätter, machte mit Inseraten auf sich aufmerksam, reiste gar mit einer Art Wanderzirkus umher und war als fahrender Landarzt unterwegs, um den Menschen zu helfen. Dass dies gern, bei leichteren Operationen, auf offener Bühne geschah, ohne Narkose oder Desinfektion, bleibt den Umständen und den mangelnden medizinischen Kenntnissen der Zeit geschuldet. Der berühmteste Arzt ohne Doktortitel verstarb 1727 in Münden, sein Grabstein befindet sich an der **Aegidienkirche**, eine **Statue** mit Spritze in der Hand am Tor zum Skulpturenpark auf der Insel in der Werramündung, dem **Doktorwerder**. Ihn erreichen wir über die 1329 erstmals erwähnte mehrbogige Steinbrücke, die die Altstadt mittlerweile als Einbahnstraße mit dem Ortsteil Blume verbindet. Der kleine, ruhige Park besitzt neben den skulpturalen Werken des lokalen Bildhauers H. D. Wüpper ein 1839 aufgestelltes Denkmal zur Gründung des Mitteldeutschen Sängerbundes sowie Objekte des zur Expo 2000 installierten Kunstprojektes »3 Räume – 3 Flüsse«, ein 2000 Jahre altes Badehaus und ein mit Baumrinde verkleidetes historisches Borkenhaus.

◀ Kuss und Fluss ▶ Auf dem Doktorwerder

2029 erlebt die Werra-Brücke am Welfenschloss ihren 700. Geburtstag.

STADTSPAZIERGANG

Das etwas überdimensionierte Abbild des Mediziners blickt zum **Welfenschloss** am Werra-Ufer, das, 1501 erbaut, durch eine Feuersbrunst 1560 nahezu komplett zerstört, jedoch zwischen 1571 und 1584 im Stil der frühen Weserrenaissance als Residenz und Sitz der herzoglichen Verwaltung neu errichtet wurde. Die Landesfürsten ließen sich in der Folgezeit eher selten im hochherrschaftlichen Gebäude sehen, es verlor an Bedeutung, durch ein weiteres Feuer 1849 gar seinen Südflügel. Im authentisch rosafarbenen Schloss residieren nun das Amtsgericht, das Stadtarchiv, die Stadtbücherei und die Ausstellungsräume des Städtischen Museums. Eine besondere Historie ist mit dem **Fährenpfortenturm**, Teil der Stadtbefestigung, verbunden. In dem ab 1848 um 40 Meter erhöhten Turm im Südwesten der Altstadt stellte man Schrotkugeln her. Heißes Blei wurde oben durch ein Sieb gegossen und unten erkaltet in Form feiner Kügelchen wieder aufgefangen, was ihm den Spitznamen »Hagelturm« einbrachte. Erst 1980 endete das Herstellungsverfahren, 2000 erfolgte die Einrichtung des Museums der Arbeit, das seit 2018 Teil der Kulturfabrik Hagelturm ist.

◀ Römische Geschichte im Schatten der Bäume ▶ Restaurant »Zur Klostermühle«

DR. WOLFS WUNDERKAMMER Das kleine Museum für Geschichte(n), Kunst und Kurioses an der Radbrunnenstraße hält, was der Name verspricht, und ist ebenso einzigartig wie kurzweilig mit seiner wissenschaftlich untermauerten Mischung aus Popkultur, Mythologie und Geschichte. Das begehbare Gesamtkunstwerk, bei dem eine Führung lohnt, regt die Besucher zur Kreativität an. www.dr-wolfs-wunderkammer.de

RÖMER UND KLOSTERBRÜDER

Wir schreiben das Jahr 10 v. Chr., als die römischen Soldaten auf ihrem Feldzug durch Mitteleuropa auf dem Burgberg bei Hedemünden oberhalb der Werra eine **Befestigungsanlage** installierten, um von dort aus das Geschehen auf der Wasserstraße zu überblicken. Erst 2013 Jahre später entdeckten Archäologen die Grundzüge des mehrteiligen Gebäudekomplexes, bestehend aus Erdwällen, Holzwällen und -türmen. Die Besucher der in einem Waldstück befindlichen Anlage informieren illustrierte Tafeln über die historischen Erkenntnisse. Doch es bedarf schon einiger Fantasie, um das römische Relikt zwischen den Bäumen zu erkennen. Gleichwohl lohnt ein Spaziergang schon allein wegen der guten Aussichten über das Werratal und der aromatischen Brombeeren am Wegesrand.
Im Januar 1952 wurde die Glocke der **Klosterkirche Bursfelde** nach langem Irrweg geweiht. Sie stammt, gegossen 1470 in Danzig, ursprünglich aus dem Dom des ehemals ostpreußischen Königsberg, des heutigen Kaliningrad. Bursfelde liegt in einem Flussbogen, Teil der niedersächsischen Kulturlandschaft Niemetal am rechten Weserufer, und erlebte seit Gründung 1093 mancherlei Höhen und Tiefen. Der Benediktinerorden hatte zunächst eine Blütezeit, doch im 14. Jahrhundert wandten sich die

Mönche ab, das Kloster schien dem Verfall geweiht. Erst die »Bursfelder Kongregation«, die in Mitteleuropa 111 Klöster zusammenführte, katapultierte das Kloster ab 1443 wieder in den kulturellen Ordensmittelpunkt. Nach der Reformation wurde Bursfelde evangelisch und zu einem Pachtgut umgewidmet. Die Doppeltürme der Kirche St. Thomas und Nikolaus ergänzten den historischen, als Pfeilerbasilika angelegten Sakralbau, der in eine Ost- und eine Westkirche aufgeteilt ist, Letztere versehen mit Wandmalereien des 15. Jahrhunderts. Das zugehörige Gutshaus findet als Tagungszentrum Verwendung.

KLOSTERMÜHLE Im 19. Jahrhundert als Getreidemühle für das Kloster Bursfelde errichtet, heute allerdings ohne Mühlrad werden im denkmalgeschützten Gebäude der Klostermühle aus rotem Backstein und auf der stilvollen Terrasse mit Blick auf die Weser kreative kulinarische Genüsse kredenzt. Beliebt bei Rad- und Kanuwanderern. www.klostermuehle-bursfelde.de

Wandmalereien prägen Teile im westlichen Bereich der Klosterkirche Bursfelde.

1

WALD DER MÄRCHEN

Auf der hessischen Seite des Wesertals erstreckt sich der als Märchenwald weithin bekannte **Reinhardswald**. Jakob und Wilhelm Grimm spürten bei ihrer Suche nach fantastischen Geschichten am Südrand des Waldgebietes eine ältere Frau auf, die sie mit zahlreichen Erzählungen reich beschenkte. So verwundert es nicht, dass Schneewittchen und Rotkäppchen, Hänsel und Gretel just in dieser Region verortet werden. Im Dörfchen Hemeln nähern wir uns, während wir mit der kleinen **Gierseilfähre** die Landesgrenze queren und im zu Reinhardshagen gehörigen Veckerhagen anlegen, just jenem mystischen, ja fabelhaften und weitläufigen Forstgebiet.

Zur Einstimmung in dieses Sagenreich blickt vom Ufer am Hotel Peter die drei Meter hohe Holzstatue der »Brama« versonnen gen Osten. Brama, Saba (der wir gleich begegnen) und Trendula waren nach der Grimm'schen Sage die Töchter von Kruko, dem über dem Reinhardswald herrschenden Riesen und Erbauer der **Krukenburg** bei Helmarshausen. Brama und Saba vertrauten nach dem Tod des Vaters dem christlichen Glauben, was die heidnische Trendula sehr verärgerte. Aus Trauer über den Zwist, von übermäßigem Tränenfluss geschwächt, erblindete Brama, die bald darauf von Trendula getötet wurde. Auch Saba, die nach der Sage die Sababurg erbaute, wurde Opfer der gehässigen Schwester. Doch diese ereilte ihre verdiente Strafe; sie wurde vom Blitz erschlagen, was einen gewaltigen Trichter in der Landschaft hinterließ, der als Naturdenkmal **»Nasser Wolkenbruch«** zwischen Trendelburg und Friedrichsfeld zu sehen ist.

◀ Die Gierseilfähre von Veckarhagen ▶ Tierischer Wegweiser zur Sababurg

Auf der Sababurg schliefen Dornröschen und ihr Hofstaat bis zur Ankunft des Prinzen.

ZU GAST BEI DORNRÖSCHEN

Schwester **Saba** bewacht in gleichem hölzernem, riesenhaftem Erscheinungsbild die Zufahrt zur **Sababurg**, jenes Schlosses im Herzen des Reinhardswaldes, das nach Grimm'scher Attitüde seit Mitte des 19. Jahrhunderts zum »Dornröschenschloss« stilisiert und vermarktet wird. Am Wochenende sind die Außenanlagen zugänglich, das um 1335 errichtete Schloss – selbst während der sonntäglichen Audienz von Dornröschen und ihrem Prinzen – hingegen leider nicht. Ein Rundgang entlang der Mauern und durch den romantischen Rosengarten lohnt dennoch. Der Umbau des 2018 geschlossenen Hotels und die Sanierung der Anlagen dauern an; ob das geplante Vier-Sterne-Hotel dann 2026 wachgeküsst wird, steht in den Sternen. Bis dahin könnte ein gigantischer Dornenbusch die rustikalen Mauern mit seinen Blättern und stacheligen Zweigen überwuchert haben.

Heimische Nutztiere prägen den Bestand des Tierparks unterhalb der Sababurg.

URIGE NATUR

Die teils uralten Bäume im **Urwald Sababurg** westlich der Burg könnten wohl manch fabelhafte Geschichte erzählen, gäbe man ihnen nur die Gelegenheit. Eichen und Buchen des einstigen Hutewaldes, teilweise viele Hundert Jahre alt, fügen sich ein in den sagenumwobenen Tenor. Schon 1907, und damit als eines der ersten im Bundesgebiet, wurde die bewaldete Fläche als Naturschutzgebiet deklariert, sich selbst überlassen und nur marginal forstwirtschaftlich genutzt. Die spannende Flora und Fauna des sensiblen »Urwaldes« leidet etwas unter der Vielzahl der Waldspaziergänger, die nach dem Besuch der benachbarten Burg und des **Tierparks** noch die Kühle des Waldes genießen möchten. Der weitläufige Wildpark gehörte seit 1571 als »Thiergarten« zu den Ländereien der Burg und firmiert seit 1973 als Tierpark Sababurg. Heimische nord- und mitteleuropäische Wild- und Nutztierarten, manche davon vom Aussterben bedroht, gehören damals wie heute zum Bestand des sehr gefälligen Parks, der komplett auf jegliche Exotik verzichtet. Eine märchenhafte, außergewöhnlich stimmungsvolle Atmosphäre verströmt der alljährliche mittelalterliche Weihnachtsmarkt, und vielleicht schüttelt Frau Holle ja dazu auch ihre Betten aus.

AUF EINEN BLICK

Info

STADT/REGION: Hann. Münden
BESTE REISEZEIT: ganzjährig
OPTIMALE REISEDAUER: 1–3 Tage
TOURIST-INFO: Tourismus Hann. Münden Marketing, Rathaus, Lotzestraße 2, 34346 Hann. Münden, Tel. 05541/753 13, www.hann.muenden-erlebnisregion.de

SEHENSWÜRDIGKEITEN

TILLYSCHANZE: Bierweg 1, 34388 Gutsbezirk Reinhardswald, www.tillyschanze.de
WESERSTEIN: Unterer Tanzwerder, GPS 51.42112, 9.64841
WESERLIEDANLAGE: Göttinger Straße 1, 34346 Hann. Münden
MARKTPLATZ, RATHAUS: 34346 Hann. Münden, GPS 51.41767, 9.65136
AEGIDIENKIRCHE: Aegidiiplatz 1, 34346 Hann. Münden, www.st-aegidien-kirche.de
EISENBARTH AUF DEM DOKTORWERDER: 34346 Hann. Münden, GPS 51.41914, 9.6524
WELFENSCHLOSS: Schlossplatz 10, 34346 Hann. Münden, www.hann.muenden.de
FÄHRENPFORTENTURM: Radbrunnenstraße 1, 34346 Hann. Münden, www.kulturfabrik-hagelturm.de

◀ Die Tillyschanze ▶ Kanuwandern auf der Fulda

AUF EINEN BLICK

RÖMERLAGER HEDEMÜNDEN: Lange Reihe 23, 34346 Hann. Münden, GPS 51.39654, 9.74253
KLOSTER BURSFELDE: Klosterhof 5, 34346 Hann. Münden, www.kloster-bursfelde.de
GIERSEILFÄHRE: Untere Weserstraße, 34359 Reinhardshagen, www.fähre-veckerhagen.de
BRAMA: 34359 Reinhardshagen, GPS 51.49890, 9.60457
SABABURG: 34369 Hofgeismar, Tel. 05671/99 92 22, GPS 51.54416, 9.53799
SABA: 34369 Hofgeismar, GPS 51.54596, 9.53721
NASSER WOLKENBRUCH: Wolkenbruch, 34388 Trendelburg, GPS 51.57597, 9.44714
URWALD SABABURG: 34388 Gutsbezirk Reinhardswald, GPS 51.54580, 9.50723
TIERPARK SABABURG: Sababurg 1, 34369 Hofgeismar, www.tierpark-sababurg.de

CAMPINGPLATZ DER BUSCH FREIZEIT UND TOURISTIK GMBH

ADRESSE: Tanzwerder 1, 34346 Hann. Münden, Tel. 05541/122 57, www.camping-und-kanu.de

◀ Parzellen sorgen für individuelle Freiheiten. ▶ Saba am Fuße der Burg

Campingidyll am Oberen Tanzwerder zwischen Fulda und Schleusenkanal

ANFAHRT: Von der A7 Ausfahrt 76 Hann. Münden/Staufenberg-Lutterberg rechts auf die B496 durch Lutterberg bis Hann. Münden, am Fährenpfortenturm rechts auf Kasseler Schlagd, links über Löwenbrücke auf den Tanzwerder, hier links halten über die schmale Brücke (max. 3,5 Tonnen, max. 2,5 Meter Breite) am Fulda-Kanal zum Platz.
GPS: 51.41628, 9.64707
Idyllischer Campingplatz im Grünen und unter Bäumen auf dem Oberen Tanzwerder zwischen Fulda und Fulda-Kanal. Sehr ordentliche Sanitäranlagen, kleine Einkaufsmöglichkeiten im Kiosk mit Brötchenservice, unschlagbar nah am Altstadtbereich. Verleih von Tretrollern und Fahrrädern, direkt nebenan ein Kanu-Verleih. Ver-/Entsorgungsmöglichkeiten sind vorhanden, Minigolfplatz direkt auf dem Gelände. Geöffnet April bis Mitte Oktober.

WOHNMOBILSTELLPLATZ »AM WESERSTEIN«

ADRESSE: Tanzwerder, 34346 Hann. Münden, www.hann.muenden-erlebnisregion.de
ANFAHRT: Zunächst wie zum Campingplatz Busch, auf dem Tanzwerder rechts zum öffentlichen Parkplatz und zu den Stellplätzen.
GPS: 51.42004, 9.64868
Asphaltiertes Areal beim Weserstein in guter Lage zur Innenstadt. Keine geregelten Stellflächen, dadurch zuweilen etwas chaotisch. Bezahlung per Automat, Entsorgung möglich.

ZWISCHEN DIEMEL & NETHE

Visionen und Wahrheiten

Der Landgraf-Carl-Kanal zwischen Conradi- und Invalidenstraße in Bad Karlshafen

2

Während Fachwerk das oft heimelige Antlitz der Dörfer, Siedlungen und Städte links und rechts des Oberlaufs der Weser dominiert, bildet das Städtchen Karlshafen, das seit 1977 stolz und offiziell den Titel »Bad« im Ortsnamen trägt, eine ungewöhnliche, mithin ausgesprochen reizvolle städtebauliche Alternative.

Der Camping- und Wohnmobil-Stellplatz Zeltwiese liegt weitläufig und idyllisch direkt am Ufer im Bad Karlshafener Weserbogen, gleich vis-à-vis der Uferpromenade der nördlichsten Gemeinde Hessens, zudem unmittelbar am Dreiländereck mit Nordrhein-Westfalen und Niedersachsen. Unterhalb des bewaldeten Hangs, aus dem auf halber Höhe gegenüber der **Hugenottenturm** markant herausragt, mündet die Diemel versteckt zwischen den Bäumen in die Weser. Welch ungewöhnliche Stadtgeschichte sich hier vor unserem Stellplatz darbietet, erkennen wir indes erst auf einem entspannten Spaziergang in dem wohlgeordneten, großzügig angelegten Karree von Straßen und Gassen von **Bad Karlshafen**. Die üppigen Gärten und verschachtelten Rückansichten der Häuser, die mit dicken Mauern gesäumte Einfahrt in einen **Schleusenkanal**, der kleine **Pegelturm** mit dem neckischen roten, achteckigen Fachwerkaufsatz und der Anleger der Weserschiffe, die wir zum Greifen nah vor uns haben, verbergen ein urbanes Kleinod des frühen 18. Jahrhunderts und eine der jüngsten Ansiedlungen des Weserberglandes.

FÜRST MIT WEITSICHT

Carl zu Hessen, seines Zeichens Landgraf und Regierungschef des Ländchens Hessen-Cassel, suchte nach den Wirren des Dreißigjährigen Krieges nach Möglichkeiten zum wirtschaftlichen Aufschwung seiner Region. Seine Lösung lag in einer neuen, repräsentativen Portalstadt für Industrie und Handel im Norden seines Hoheitsgebietes, die er mittels eines schiffbaren **Kanals** an Cassel anzuschließen gedachte. So entstand auf dem Reißbrett der Ort »Sieburg«, der 1717 in »Carlshaven« umbenannt wurde. Landgraf Carl legte höchstselbst 1699 den Grundstein für das erste Haus, den heutigen Gasthof »Zum Landgraf Carl«. Errichtet wurden erst drei gleichmäßig angelegte Häusergevierte mit einem Wasserbecken als Zentrum und breiten Wegführungen. Der Baustil entsprach einer schlichten, erstaunlich schnörkellosen Barockarchitektur. Lediglich das Packhaus, Sitz der Kaufleute am Hafenbecken und heutiges Rathaus, stach aus der einheitlichen Phalanx weiß getünchter Häuserblöcke heraus. Vom Hotel »Zum Schwan« aus führt der Kanal als Wasserstraße zur Diemel. In den kühnen Plänen Carls wäre letztlich sogar eine Verbindung über die Lahn zwischen Weser und Rhein möglich gewesen. Der Bau ging gut voran, und schon 1716 befuhr der Landesfürst den bereits nach ihm benannten Kanal bis Stammen südlich von Trendelburg. 1723 erreichte der Wasserlauf Hümme, 1729 Schöneberg bei Hofgeismar. Niedrige Wasserstände sorgten für Probleme und führten vorübergehend zur Einstellung der Schifffahrt. Mit dem Tod Carls 1730 erfolgte letztlich der Abgesang des Projektes. Ein Reliefporträt des rührigen Landesherrn ziert heute die mächtige Sandsteinstatue des hessischen Löwen gegenüber dem Rathaus, das sich gern wohlgefällig im ruhigen Wasser des Hafenbeckens spiegelt.

SALZ FÜR DIE WIRTSCHAFT

Hugenotten, wegen ihres Glaubens aus der Heimat vertrieben, und deutsche Familien als erste Bewohner Sieburgs sorgten durch Handwerk und Handel für die ökonomische Belebung der jungen Ansiedlung in ihren Kindertagen. Politische wie wirtschaftliche Höhen und Tiefen sorgten in der Folgezeit immer wieder für Turbulenzen, die der Wegfall von Zöllen und der Entzug von Privilegien forcierte. Die Salzgewinnung, seit 1763 ein bedeutender ökonomischer Grundpfeiler – Karlshafener Kochsalz erfreute

◀ Im Park an der Carlstraße ▶ Innenhof des Hugenottenmuseums

Der Barockhafen und das Denkmal des Landgrafen Carl im Spiegel

sich großer Popularität, nachdem der hugenottische Apotheker Jacques Gallard im Todesjahr des Landgrafen die **Solequelle** entdeckte –, erfuhr im Zollvertrag mit Preußen eine strenge Reglementierung, was 1835 die Einstellung des Betriebs der örtlichen **Saline** erzwang. Doch schon kurz danach schuf man mit dem **Solbad Karlshafen** eine neue Einsatzmöglichkeit und die Basis für Kurbetrieb und aufstrebenden Tourismus.

DEUTSCHES HUGENOTTENMUSEUM 1980 gegründet, befindet sich das Deutsche Hugenottenmuseum Bad Karlshafen seit 1989 in einer ehemaligen Tabakfabrik gleich gegenüber dem Bad Karlshafener Rathaus. Es beschäftigt sich mit der Geschichte der Hugenotten in Frankreich, die eng mit der Stadthistorie verbunden ist, da die protestantischen Glaubensflüchtlinge hier eine neue Heimat fanden und mitgestalten konnten. www.hugenottenmuseum.de

ZUG UND SCHIFF

Als der Kanalbau zum Erliegen kam, gab es genügend Stimmen, die eine geeignete Transportverbindung innerhalb Hessens befürworteten. Es dauerte bis 1848 zur Eröffnung der Eisenbahnstrecke der **Carlsbahn**, die, größtenteils der einstigen Kanaltrasse folgend, die erhoffte Verbindung nach Kassel ermöglichte. Waren und Güter wurden in Karlshafen auf und von Weserschiffen umgeladen. Ein imposanter Radsatz einer Dampf-

◀ Das Gradierwerk der Wesertherme ▶ In der Weserstraße

lokomotive markiert in der Parkanlage zwischen Rosensträuchern und Alleebäumen beim »Hessischen Hof« das Gleisende der 1966 eingestellten Eisenbahnstrecke. Gehen wir noch ein Stück am Park entlang, gelangen wir zum **Invalidenhaus**. Das quadratische, 1710 fertiggestellte Gebäude lag unmittelbar am Diemelufer und ist lebhafter Beweis für den sozialen Habitus des Landgrafen, der hier eine Wohnstätte mit Altersruhesitz für Kriegsinvalide einrichten ließ. Barocke Eleganz trägt Bad Karlshafen in seinem Zentrum noch immer, selbst die erst 1936 errichtete **katholische Stephanuskirche** fügt sich mit ihrem etwas nüchternen, gradlinigen Erscheinungsbild am Hafenbecken überraschend harmonisch in den Charme der weißen Gebäudeensembles ein. Am Schleusenkanal entlang gehen wir zurück zur Weser, passieren den stets belebten Biergarten des traditionsreichen Hotels »Zum Weserdampfschiff«, folgen der **Uferpromenade** flussaufwärts und gelangen hinter der **Weserbrücke** in den Kurbereich, der erst Mitte der 1970er-Jahre seiner Bestimmung übergeben wurde, obwohl Karlshafen schon 20 Jahre zuvor als anerkanntes Heilbad für sich werben durfte.

SALZ IN DER LUFT

Das Herzstück der Kureinrichtungen bildet die an ein UFO erinnernde, 2004 eröffnete **Weser-Therme** mit verschiedenen Thermalsolebädern, Whirlpools, Saunaland und Außenbecken für alle Arten von Wellness. Besonderen Eindruck hinterlässt das **Gradierwerk** an der Kurpromenade. Acht Meter hoch und 30 Meter lang, steht es seit 1986 senkrecht zum Weserufer und verwirkt das Solewasser über sein Gradiergestell zu feinsten Salzkristallen, die, als Aerosole eingeatmet, zur Stärkung und Heilung der Atemwege dienen. Der Salzgehalt der Sole liegt nur unwesentlich unter jenem des Toten Meeres. Auf dem Weg zurück zum Campingplatz haben wir den Wald am Hang des Berges Kaiserstein und die **Hessischen Klippen** mit dem Hugenottenturm und den Buchstaben »W« in leuchtendem Gelb stets vor Augen. Er steht seit Ende 2021 für Widerstand, Würgassen, Weserbergland und Wachsamkeit und symbolisiert den Protest gegen ein geplantes Atommüll-Logistikzentrum im nahen Würgassen am Standort des stillgelegten Atomkraftwerks.

HIMMELSSTURM

Eine aussichtsreiche Wanderung über gut neun Kilometer führt uns nach Querung der **Diemelbrücke** steil, meist über Stufen aufwärts zum Hugenottenturm. Obwohl er historisch anmutet, stammt er, gebaut aus rötlichem Wesersandstein, lediglich von 1913. Es lohnt, die gut 100 Stufen der Wendeltreppe zu bewältigen, denn der Blick von der Freiterrasse ist wirklich fantastisch. Der Wanderweg geht weiter in westlicher Richtung durch den Wald, passiert den **Sängertempel** und das historische Dreiländereck und erreicht, nun in Nordrhein-Westfalen, unterhalb der **Abtei vom Heiligen Kreuz** den Ort **Herstelle** mit der gleichnamigen, öffentlich nicht zugänglichen **Burg**. Eine kleine Personenfähre bringt uns hinüber nach Würgassen. Wir lassen den Wohnmobil-Stellplatz rechts liegen, ge-

◀ Der Hugenottenturm oberhalb der Weser ▶ Beste Aussicht vom Weser-Skywalk

hen geradeaus über die Bahnstrecke zum »Alten Postweg«, dem wir nach rechts nun in Niedersachsen folgen. Auf der Landesgrenze liegt im Wald ein Wanderparkplatz, an dem der **»Weser-Skywalk«** ausgeschildert ist. Er ragt über die **Hannoverschen Klippen** ins Wesertal hinein und liefert ebenfalls tolle Aussichten, nachdem wir zuvor den schmalen Pfad gemeistert haben. Über den »Klippensteig« und die Straße »An der Saline« kommen wir wieder zurück zur Zeltwiese.

DIE BURG ÜBER DER DIEMEL

Seit dem 1. August 1972 gehört **Helmarshausen**, nicht unbedingt zur Freude seiner Einwohner, zur Gemeinde Bad Karlshafen. Der Ort am nördlichen Ufer der Diemel blickt auf eine große Historie zurück, die in die Zeit Kaiser Ottos I. reicht, als dieser 944 urkundlich nachweisbar einen Königshof an eine gewisse Frau Helmburg verschenkte. 50 Jahre später erfolgte

Die Diemel schlängelt sich südlich um den malerischen Ortskern von Helmarshausen.

◀ Am Kloster Helmarshausen ▶ Die Krukenburg bietet ein tolles Panorama

die Gründung des örtlichen **Benediktinerklosters**, dessen Grundmauern heute in Teilen noch zu sehen sind. 1538 aufgelöst, wurden die Klostergebäude umgewidmet und sind nun Kindergarten und Begegnungsstätte. Die Mönche des Klosters zeichneten sich durch eine hohe Kunstfertigkeit aus, die in hochwertigen Schmiedearbeiten und Buchproduktionen zum Ausdruck kam, dies bezeugt eine **Skulptur im Klostergarten**. Politische Komplikationen mündeten schließlich 1215 im Bau der **Krukenburg** auf dem Waltersberg oberhalb von Helmarshausen. In der Mitte der Burg befand sich, ungewöhnlich für eine Befestigungsanlage jener Zeit, eine Kirche mit dem Grundriss eines Kreuzes, ähnlich der Grabeskirche in Jerusalem. Ausgehend von Bad Karlshafen und der Diemelbrücke führt ein Rundweg dorthin. Dazu nehmen wir an der Treppe zum Hugenottenturm den Weg nach links durch den Wald und vorbei an Feldern auf die knapp 200 Meter hohe Hochfläche, die bald freie Sicht auf die massive **Burganlage** bietet. Nach 400 Jahren verfiel die Burg, das Mauerwerk fand Verwendung als Steinbruch. Vor knapp 50 Jahren begann schließlich die Restauration der vorhandenen Bausubstanz, darunter des 22 Meter hohen Bergfrieds, der mit einer tollen Rundumsicht über den Reinhardswald bis zum Solling, über Weser- und Diemeltal lockt. Am Bücherschrank und dem leider geschlossenen Burgcafé vorbei führt ein schmaler Pfad talwärts zum Kloster und auf die Hagenstraße, die zur Steinstraße wird, mitten durchs Dorf verläuft und neben dem historischen Rathaus zahlreiche hübsche Fachwerkhäuser aufweist. Am Abzweig nach links stehen wir vor einem Deich, von dessen Krone aus am gegenüberliegenden Diemelufer eine Schleuse des alten Kanals zu sehen ist. Er heißt nun »Kegelgraben«, und an dessen Rand erstreckt sich der örtliche Campingplatz. Wir überqueren die Brücke und gehen dahinter nach links auf dem Pfad an der Diemel entlang, die uns im weiten Bogen nordwärts, hier ein Stück parallel zum Fernwanderweg »Weserbergland-Weg«, nach Bad Karlshafen zurückbegleitet.

◀ Orgel der Pfarrkirche Johannes Baptist ▶ Beverunger Fassaden-Literatur

Tipp

Ausgesprochen ungewöhnlich, beinahe exzentrisch präsentiert sich das Kragstuhlmuseum TECTA in Lauenförde. Es ist eine Mischung aus Sitzmöbel-Manufaktur, Skulpturenpark und mehreren luftigen Museumshallen, welche die teils ausgefallenen, gerne freischwingenden hochmodernen Stuhlkreationen der Firma Tecta wie in einer Galerieansicht darstellen. www.tecta.de/kragstuhlmuseum

SPAZIEREN AM FACHWERK

Alljährlich am Rosenmontag überschreiten die Narren die Weser, die Brücke und die unsichtbare Barriere zwischen den Bundesländern beim Umzug des »CarnevalsVereinWeserBrücke e.V. CVWB«, der 1973 erstmals stattfand. Dabei treffen sie am westfälischen Brückenkopf auf den stattlichen Wohnturm der **Beverunger Burg**, die 1332 zur Grenzsicherung errichtet, im Dreißigjährigen Krieg zerstört, aber 1650 wiederaufgebaut und zum Wahrzeichen Beverungens wurde. Sie dient heute mit der zauberhaften Weserterrasse als stilvolle Location eines Restaurantbetriebes. Das eindrucksvolle **Fachwerkhaus** auf der gegenüberliegenden Straßenseite war Sitz des »Rentmeisters«, des offiziellen Vertreters der einst in Paderborn ansässigen fürstbischöflichen Regierung. Beide Gebäude blicken ostwärts über die Weserauen und die Weserpromenade ins benachbarte Bundesland. Spaziert man auf dem Uferboulevard weserabwärts, ist bald das **Fährhaus** von 1853 erreicht. Den heutigen Gastronomiebetrieb ziert noch die historische Seilwinde, mit der früher die Wasserfahrzeuge auf Kurs gehalten wurden. Die ersten Fähren waren schon um 1417 unterwegs, der Betrieb wurde 1902 mit dem Bau der **Weserbrücke** eingestellt. An der hier beginnenden Weserstraße gelangen wir, die **Pfarrkirche Johannes Baptist** zur Linken und vorbei an schmucken Fachwerkhäusern, ins historische Herz der Stadt am **Kellerplatz** rund um den **Michaelsbrunnen**. Erst 1987 gebaut, ist er ein Jüngling neben den malerischen, kunstvoll verzierten Fachwerkfassaden ringsum. Jene stammen fast alle aus der Mitte des 17. Jahrhunderts, allen voran das **»Cordt-Holstein-Haus«** und das **»Christoph-Sieker-Haus«**, jeweils benannt nach ehemals einflussreichen Bürgermeistern. Auch das **Beverunger Rathaus**, Mitte des 19. Jahrhunderts aus zwei benachbarten Bürgerhäusern entstanden, lässt sein anmutiges Antlitz zur Marktseite hin glänzen. Der Name Beverungen (die Stadt wird im 9. Jahrhundert erstmals urkundlich erwähnt) leitet sich ab vom Bach Bever, der etwas südlich des Zentrums in die Weser mündet. Dessen Bezeichnung dürfte keltischen Ursprungs sein und bedeutet Gewässer oder Bach, aber auch Biber. So waren die flachen Niederungen und Auen am westlichen Weserufer einmal als »Biberweiden« bekannt.

Tipp

Zur Erkundung der zahlreichen städtebaulichen Kleinodien Beverungens offeriert das örtliche Fremdenverkehrsbüro neben weiteren Wanderungen einen etwa einstündigen Stadtspaziergang »Auf den Spuren des Bibers«. Er startet und endet beim alten Fährhaus und führt zu allen wichtigen Gebäuden und Einrichtungen der Stadt. www.beverungen.de/de/tourismus-freizeit

Das Fährhaus von 1853 wurde obsolet mit dem Bau der Weserbrücke 50 Jahre später.

2

WEIDEN UND FLECHTEN

Beverunger Bürger werden seit gut 200 Jahren auch »Mochen« genannt. Der etwas zwiespältige Begriff weist darauf hin, dass die grenznahe Lage des Ortes ein Anziehungsplatz für Schmuggler war, die nach Möglichkeiten zum »Mogeln«, zur Umgehung von Zöllen, trachteten. Und das trotz steter Präsenz von Ordnungshütern. Die Region wurde so bald zum »Mogel- oder Mochenland«. Ob die Gesetzlosen die Erzeugnisse des **Korbmacher-Handwerks** nutzten, um ihre Waren unerkannt zu transportieren, ist nicht überliefert. Tatsächlich etablierte sich zu jener Zeit in **Dalhausen** am Oberlauf der Bever die florierende Kleinindustrie der Korbflechterei, die bis in die 1960er-Jahre andauerte, bevor industriell geformte Kunststoffe der rührigen Handwerkskunst ein Ende setzten. Das Dalhausener **Korbmacher-Museum** hält die Erinnerung an die Heimatgeschichte höchst anschaulich wach und bietet kurzweilige Workshops, um Grundkenntnisse im Handwerk zu vermitteln.

◀ Am Rittergut Meinbrexen ▶ Werbung und der Zahn der Zeit

Der Park von Schloss Wehrden ist in Teilen öffentlich zugänglich.

GRENZFÄHRE

Wenige Kilometer weserabwärts wechseln Fußgänger und Radfahrer in Wehrden wieder die Ufer und überschreiten ganz ohne Kontrolle die Grenze zu Niedersachsen, wo sich am bewaldeten Ufer schon der Solling zu erkennen gibt. Auf beiden Seiten lockt Gastronomie auch den Wasserwanderer zur Einkehr. Gen Norden und strahlend weiß thront weithin sichtbar die Silhouette von Schloss Fürstenberg auf der Krone des Kathagenbergs. Ganz in der Nähe lohnt auch der Blick auf **Schloss Wehrden** und den Schlosspark, der teilweise öffentlich zugänglich ist. Zum barocken Herrenhaus, im späten 17. Jahrhundert auf den Fundamenten eines gräflichen Schlosses errichtet und im Besitz der Familie Wolff-Metternich, gehört ein mittelalterlicher Turm, den die Schriftstellerin Annette von Droste-Hülshoff besonders schätzte, die hier einige ihrer Werke verfasste. Der Weg zurück nach Karlshafen führt durch den Flecken **Meinbrexen** mit seinem traditionsreichen **Rittergut**, das bis auf das Jahr 1222 zurückgeht, und dem barocken Wasserschloss von 1699. Im Gut werden landwirtschaftliche Produkte, von Erdbeeren bis zum Weihnachtsbaum, verkauft. Zudem gibt es fantastische Räumlichkeiten in stilvollem Ambiente für Veranstaltungen. Hinter dem in Privatbesitz befindlichen Schloss liegt ein historisch hochinteressanter Freimaurerpark, der viele Jahre in einen Dornröschenschlaf versank, dann sorgsam wieder hergerichtet wurde und nun bei Führungen besichtigt werden kann.

AUF EINEN BLICK

Info

STADT/REGION: Bad Karlshafen, Beverungen
BESTE REISEZEIT: ganzjährig
OPTIMALE REISEDAUER: 1–3 Tage
TOURIST-INFO: Tourismus Bad Karlshafen, Weserstraße 19, 34385 Bad Karlshafen, Tel. 05672/922 61 40, www.bad-karlshafen-tourismus.de
Tourist-Information Beverungen, Weserstraße 16, 37688 Beverungen, Tel. 05273/39 22 21, www.beverungen.de/de/tourismus-freizeit

SEHENSWÜRDIGKEITEN

HUGENOTTENTURM: Bremer Straße 37, 34385 Bad Karlshafen
HAFEN BAD KARLSHAFEN: Hafenplatz, 34385 Bad Karlshafen, www.barockhafen.de
WESER-THERME, GRADIERWERK: Kurpromenade 1, 34385 Bad Karlshafen, www.weser-therme.de
BURG HERSTELLE: Carolus-Magnus-Straße 10, 37688 Beverungen, www.burg-herstelle.de
KRUKENBURG: Am Krukenberg 5A, 34385 Bad Karlshafen, Tel. 01578/397 20 01
KLOSTER HELMARSHAUSEN: Poststraße 6, 34385 Bad Karlshafen, www.heimatverein-helmarshausen.de
BURG BEVERUNGEN: An der Burg 3, 37688 Beverungen, www.burg-beverungen.de
KORBMACHER-MUSEUM: Lange Reihe 23, 37688 Beverungen, www.korbmacher-museum.de
SCHLOSS WEHRDEN: Schlosshof 1, Werden, 37688 Beverungen, www.schloss-wehrden.de
RITTERGUT MEINBREXEN: Rittergut 3, 37697 Lauenförde-Meinbrexen, www.rittergut-meinbrexen.de

CAMPING- UND WOHNMOBILSTELLPLATZ ZELTWIESE

ADRESSE: Am Rechten Weserufer 2, 34385 Bad Karlshafen, Tel. 05672/710, www.camper-karli-event.de

◀ Der Campingplatz Zeltwiese am Weseruifer ▶ Naherholung am Axelsee

ANFAHRT: Von der A44 Ausfahrt 65 Warburg auf die B252 Richtung Warburg und Brakel, in Hohenwepel rechts auf die B241 Richtung Beverungen, an der Ampel rechts auf die B83 Richtung Bad Karlshafen, links auf die B80 Richtung Hann. Münden und im Ort links über die Weserbrücke und direkt wieder links.
GPS: 51.64427, 9.44836
Zauberhafter weitläufiger Platz im Weserbogen gegenüber von Bad Karlshafen und den bewaldeten Hessischen Klippen. Die ca. 40 Standplätze für Wohnmobile befinden sich überwiegend in der ersten Reihe direkt am Ufer. Unmittelbar nebenan befindet sich ein gesonderter, beschrankter Wohnmobil-Stellplatz für insgesamt 42 weitere Fahrzeuge. Neben der Rezeption gibt es einen ganz gut sortierten Mini-Markt, leider keine Gastronomie. Entsorgungsmöglichkeiten sind vorhanden, die zentral gelegenen Sanitärbereiche sind veraltet, werden umfangreich renoviert. Stromanschluss an allen Plätzen. Reservierung empfehlenswert.

WOHNMOBILSTELLPLATZ AM YACHTHAFEN

ADRESSE: Würgasser Straße, 37697 Lauenförde, Tel. 05273/218 36, www.yachthafen-dreilaendereck.de
ANFAHRT: Von Beverungen aus über die B241 und die Weserbrücke nach Lauenförde, im Ort rechts auf die Würgasser Straße Richtung Axelsee, dann rechts der Beschilderung zum Yachthafen folgen.
GPS: 51.65066, 9.37970
Neben dem Campingplatz gibt es eigene, ruhige Stellplätze auf Schotter direkt an der Weser. Entsorgungsmöglichkeiten vorhanden, kleiner Sanitärbereich, der schon älter, relativ klein und vom Fahrzeug aus etwas weiter entfernt ist.

SOLLING-VOGLER – DER SÜDEN

Dörfer an der Weser

Stimmungsvolle Herbstmomente von den Toren der Braumetropole Einbeck

3

Das nördliche Hessen und das südliche Niedersachsen dominieren die dicht bewaldeten Bergrücken der Region Solling-Vogler, die sich jenseits der Weser in nordöstlicher Richtung sanft erheben. Dazwischen begegnet uns zauberhafte Kulturgeschichte in heimeligen Fachwerkdörfern, die ihren Kulminationspunkt im Fachwerkkleinod Einbeck findet.

Gleich mehrere Polepositions des Campingplatzes Wesertal am Ortsrand von Oedelsheim erlauben uns, unmittelbar am Weserufer zu stehen und den Blick über den Fluss zum Reinhardswald zu genießen, was in den Abendstunden, wenn die Sonne langsam zwischen den sanften Hügeln in eine mystische Dämmerung versinkt, ein bewegendes Erlebnis sein kann.

AUF DES KATERS SPUREN

Es lohnt ein Spaziergang flussaufwärts am Ufer entlang in das 950 Jahre alte Dörfchen **Oedelsheim**, das mit einer der typischen kleinen **Gierseilfähren** eine Verbindung zum anderen Ufer pflegt. Bereits 1288 verweist eine Urkunde auf die Existenz einer »uralten« Fähre, die mit langen Staken manövriert wurde. Sie war und blieb über die Jahrhunderte von Bedeutung für die lokale Bauernschaft, die damals an beiden Weserufern ihre Äcker bewirtschaftete. Die Gierseiltechnik mittels Hochseil, die sich die Flussströmung energetisch zunutze macht, wurde erst 1934 eingeführt. Zerstört zum Ende des Krieges und notdürftig wieder repariert, stellte man 1996 den Betrieb ein. Auf Drängen der Gemeinde konnte eine neue Fähre gebaut und schon 1997 in Dienst gestellt werden.

Am kleinen Fährhäuschen neben dem Restaurant mit Weserterrasse »Fährhaus Oedelsheim« (der letzten Gaststätte vor der Landesgrenze, worauf ein Schild mit den Landeswappen hinweist, www.faehrhaus-oedelsheim.de) startet der **Eco-Pfad**, eine heimatkundliche Rundwanderung durch den Ort und in die nähere Umgebung. Man sollte hier zumindest die kurze Variante im Dorf wählen, um die hübschen Fachwerkhäuser rund um die Martinskirche, errichtet vor knapp 200 Jahren aus Steinen des sakralen Vorgängers, entsprechenden Blickes zu würdigen. Es lohnt der Besuch des **Dorf-Museums** in einem Fachwerkhaus von 1659, das sich mit der Lokalgeschichte, mit Handwerk, Flößerei und Schifffahrt auseinandersetzt. Auch die allerjüngste Vergangenheit findet Erwähnung, denn Oedelsheim

3

gehört zu den acht Orten, welche seit 2020 die Gemeinde Wesertal im nordöstlichen Zipfel Hessens bilden. In Sichtweite zum Museum begegnet uns der **»Gestiefelte Kater«** als überdimensionale, geschnitzte Holzfigur. Die Grimm'sche Märchengestalt, Namensgeber der Weserfähre, ist schon lange Maskottchen des Ortes, Patron und Startpunkt eines 10,5 Kilometer langen Rundwanderweges, der vorbei an einer Straußenfarm zu den Oedelsheimer Häuschen und durch idyllisches Waldgebiet an der Landesgrenze nach Niedersachsen führt und dabei nicht mit tollen Ausblicken über das Wesertal geizt.

INSELGESCHICHTEN

Schneewittchen und die sieben Zwerge entdeckt man an der beschützenden Ringmauer um das Rathaus Gieselwerder erst auf den zweiten Blick. Kunstvoll reliefartig sind die Gnome und ihre Prinzessin in grauen Stein geschlagen, eine 2006 aufgestellte Skulptur des Bildhauers Wienhold Gernemann. Das Märchen spielt sich nachweislich nicht im Ort ab, aber **Gieselwerder**, Verwaltungssitz der Gemeinde Wesertal, übernahm dennoch

◀ Gierseilfähre Oedelsheim ▶ Der gestiefelte Kater beim Heimatmuseum

Wassermühlenmodelle waren Ausgangspunkt des Mühlenplatzes bei Gieselwerder.

dafür die Patenschaft. Die rustikale wie massive Ringmauer mit dem großen Portal, durch das der Blick auf das aparte »Fachwerkrathausl« fällt, umfriedete im 11. Jahrhundert eine Wasserburg. Gieselwerder war eine Weserinsel, die Burg stetem Autoritätsgezerre unterworfen und schließlich verlassen, sodass sie im 16. Jahrhundert verfiel. Das heutige verträumte Rathaus täuscht große Historie vor, tatsächlich stammt es aber erst von 1914. In der Mauer im Innenhof findet sich eine Kanonenkugel aus dem Dreißigjährigen Krieg, die bei der Arbeit an der Weserbrücke in Balken steckend gefunden wurde. Das Modell der einstigen Burganlage hat Schaden genommen und harrt seiner Aufarbeitung entgegen. Gegenüber dem breit angelegten Tanzeplatz am Haus des Gastes liegt die Christuskirche im schlichten Fachwerkantlitz und mit Schiefertürmchen als Dachreiter.

MÜHLENPLATZ Am Ortsrand von Gieselwerder liegt mit dem Mühlenplatz ein zauberhaftes kleines Freilichtmuseum am Waldrand. Unprätentiös und ohne Glitzer finden sich in liebevoll modulierter Landschaft etwa 60 maßstabsgetreue Modelle bedeutender deutscher Architektur, Burgen und Schlösser, Kirchen und Rathäuser. 1969 begann alles mit einer privaten Sammlung von Wassermühlen-Modellen. Detlef Gaertner, Kustos der Anlage, plaudert gern aus ihrer Geschichte. www.muehlenplatz-gieselwerder.de

Die Klosterkirche Lippoldsberg blickt zurück auf fast 950 Jahre Geschichte.

MIT DER FÄHRE ZUM KLOSTER

Das **Schiffermuseum** von Gieselwerder gibt überraschende Einblicke in die Epoche, als die Binnenschifffahrt auf der Oberweser, speziell für den ehemaligen Luftkurort noch wirtschaftliche Bedeutung besaß. Neben einem originalen Ruderhaus sind zahlreiche Modelle und Dioramen zu sehen. Als weiterer, ehedem wichtiger Erwerbszweig sind im **Weberei-Museum Kircher** die Vorgänge der Textilherstellung und -verarbeitung, die uralte Tradition des Spinnens und Webens, auch in Form von Vorführungen und einer Mitmachwerkstatt, dargestellt.

Wir bleiben am linken Weserufer und fahren das kurze Stück bis zur **Märchenfähre Lippoldsberg**, um dort überzusetzen. Eine Sage berichtet von einer Überfahrt unzähliger, mithin unsichtbarer Zwerge, die beinahe das Kentern des Schiffes verursacht hätten, die Passage aber mit Gold bezahlten. Im Zentrum Lippoldsbergs, ebenfalls Teil der Gemeinde Wesertal, liegt seine Keimzelle in Form des 1086 gegründeten **Klosters** der Benediktinerinnen, das trotz wechselvoller Geschichte noch stets eine beeindruckende Anlage präsentiert. Speziell die als romanische Basilika ausgeführte Klosterkirche überzeugt durch ihre Struktur und ihre klaren Linien; sie diente als Vorbild für weitere klösterliche Sakralbauten in der Oberweserregion. An der Parkanlage entlang des Mühlbachs finden sich einige nette Fachwerkhäuser und das säulenbewehrte frühere Wiegehaus und Eisenmagazin des Lippoldsberger Hammerwerks.

3

MITTELALTER IM SÜDLICHEN NIEDERSACHSEN

Beinahe unmerklich geht Lippoldsberg nach Norden hin ins niedersächsische **Bodenfelde** über, das einen Flecken im Namen trägt und die beiden Weiler Wahmbeck und Nienover durch die kommunale Neuordnung 1974 in sein Gemeindegebiet integrierte. Dieses schmiegt sich anmutig in eine enge Weserschleife, und der Fluss strebt schwungvoll auf das Dreiländereck bei Bad Karlshafen zu. In **Wahmbeck** holt die **Gierseilfähre** über die Landesgrenze über, und wir steuern mit ihr auf das winzige Dorf zu. Schon im frühen Mittelalter gab es eine erste Siedlung, da die Querung des Flusses über eine Furt günstig war. Die verträumte Aura des Flächendorfs überragt der Turm der schlichten, spätmittelalterlichen St. Christopherus Kirche. **Nienover** liegt dünn besiedelt im Tal des Reiherbachs zwischen zwei

▲ Klosterkirche Lippoldsberg ▼ Gierseilfähre von Bodenwerder-Wahmbeck
▶ Das rekonstruierte, mittelalterliche Fachwerkhaus von Nienover

waldreichen Bergausläufern des südlichen Solling. Das private Jagdschloss Nienover entstand kurz nach Ende des Dreißigjährigen Krieges auf den Fundamenten der zuvor dort angelegten Burg der Grafen von Dassel. Jene hatten ab 1180 eine Siedlung gegründet, die man aber schon bald wieder aufgab und die Fläche für die Landwirtschaft nutzte. Der Grundriss des Ortes blieb erhalten und kann noch heute nachgewiesen werden. Den Erkenntnissen wissenschaftlicher Arbeiten zufolge rekonstruierte man ein städtisches mittelalterliches **Fachwerkhaus,** das für Besucher offen steht.

AM TOR ZUM SOLLING

Auch **Arenborn** aus dem 13. Jahrhundert mit seiner 1912 im Jugendstil fertiggestellten Fachwerk-Kirche gehört zur Gemeinde Wesertal und verfügt über eine malerische Bausubstanz. Nahe des Dorflokals »Zur Dorfseele« befindet sich ein Wassertretbecken zur Kühlung der Füße nach

◀ Die Fachwerk-Kirche von Arenborn ▲ Die Seele und der gute Geist
▼ Der Uslarer Brunnen-Riese ist als Kunstwerk umstritten.

Im lauschigen Park des unvollendeten Schlosses Freudenthal von Uslar

vollendeter Wanderung, denn schließlich sind wir hier in der »**Qualitätsregion wanderbares Deutschland**« angelangt. Hinter Vernawahlshausen überschreiten wir die Landesgrenze nach Niedersachsen und erreichen **Uslar,** den urbanen südlichen Vorposten, das Portal zur waldreichen Mittelgebirgsregion Solling-Vogler. Ein Rundgang durch das im 9. Jahrhundert gegründete Städtchen beginnt am umstrittenen jüngsten Kunstwerk im Stadtbild, dem **»Riesen im Brunnen«**. Zuvor stellen wir das Wohnmobil am Graftplatz zwischen der Stadtverwaltung und Schloss Freudenthal ab. Die markierten Parkflächen sind teils recht üppig bemessen, sodass selbst längere Fahrzeuge für den Stadtspaziergang abgestellt werden können. »Üppig« trifft auch auf den halben Kopf des Riesen zu, der als überdimensionaler Blumentopf verspottet wird und dessen Anwesenheit auf einer Sage über einen ebensolchen Riesen beruht, den die Bürger elegant loswerden wollten und ihn deshalb einen tiefen Brunnen reinigen ließen.

Tipp

Ein fast tropisches Ambiente verspricht »alaris – Das Haus der Schmetterlinge« zwischen Barfußpark und Badeland Uslar nördlich des Stadtzentrums. Eine bunte, flatternde Vielfalt erwartet die Besucher im Regenwaldambiente, das gleich mehrere Klimazonen und mehr als 120 Arten großer und kleiner Falter umfasst. Für eine urige Übernachtung stehen fünf Schlaffässer im Garten des Parks bereit. www.schmetterlingspark.org

Der junge Spenneweihbrunnen und das historische Hotel Menzhausen in Uslar

ENTLANG DER STADTMAUER

Neben dem Riesen liegen die moderne Uslarer Touristik-Information und das **historische Rathaus** von 1476, das prägnanteste Gebäude Uslars, das zunächst als Kauf- und Handelshaus diente, später einen Uhrenturm aufs Dach bekam. Vor dem malerischen Fachwerkhaus hockt der »Braunschweiger Löwe« mit dem Uslarer Stadtwappen auf einer Steinsäule, während der **»Spenneweih-Brunnen«** seit 2006 am Kopf der breiten »Lange Straße« historisches Brauchtum dokumentiert. Das Spenneweih-Fest findet alljährlich 14 Tage vor Ostern statt und basiert auf einer über 650 Jahre alten Spendentradition. Zu diesem Anlass gibt es in den Backstuben typische lange Brötchen, die »Spennewecken«. Auch das beeindruckende **Hotel Menzhausen**, eines der ersten Bürgerhäuser von 1576, reiht sich in die Phalanx sehenswerter Fachwerkbauten. Die Lange Straße führt, sich allmählich verjüngend, in weitem Bogen zur Mauerstraße, an der wir rechts abbiegen und sogleich die ersten Fragmente ihres Namensgebers erkennen. Hier noch stattlich, erbaut aus dem Sandstein der Region, verläuft die sonst nur in Teilen erhaltene Stadtmauer entlang des südlichen Stadtkerns. Gleich in der Kurve liegt am Hang zum Martinsbach der **Uslarer Bauerngarten**. Streng geometrisch angelegt mit einem runden Beet und einem Mispelbaum in der Mitte, durchlebt er im Frühsommer einen Blütenrausch.

3

BRAUEREI BERGBRÄU Traditionelle Braukunst mit zeitgemäßem Craftbeer-Einschlag erlebt man bei einer Führung durch die Brauerei Bergbräu am Rande von Uslar. Die alten Brautechniken werden ebenso vorgeführt wie die modernen Möglichkeiten der Abfüllung. Im Anschluss darf die unvermeidliche Verkostung der Gerstensäfte natürlich nicht fehlen. www.bergbraeu.de

Am Ende der Mauerstraße liegt das **Museum Uslar** im 1677 errichteten Sattelhof und erzählt hinter der Fassade des mit roten Ziegelsteinen ausgemauerten Fächerwerks aus der facettenreichen Geschichte der Region. Die **St. Johannis-Kirche** geht in ihren Ursprüngen zurück bis ins 13. Jahrhundert, auf ihren Grundmauern erhebt sich der Sakralbau mit gotischen und romanischen Elementen. Wir haben nun das Areal des Schlosses Freudenthal erreicht, das zu seiner Zeit zu den größten Anlagen der Weserrenaissance zählte. 1612 zerstörte ein immenses Donnerwetter das im Bau befindliche Gebäude, das nicht mehr vollendet wurde; die

Das beeindruckende Innere der St. Johannis-Kirche von Uslar

Bausubstanz fand gar als Steinbruch Verwendung. Gleichwohl sind neben wenigen ruinösen Resten im lauschigen Schlosspark einige auf den alten Fundamenten errichtete Gebäude erhalten wie die Zehntscheune, das ehemalige Amtsgericht und das **Alte Back- und Brauhaus** oberhalb des einstigen Gewölbekellers des Schlosses. Ehedem Gefängnis, später Wohnhaus, dient es nun als Stadtarchiv. Hinter dem Rathaus liegen noch das Alte Brauhaus der Privatbrauerei Haffner (der heutigen Brauerei Bergbräu, siehe Seite 55), sowie das Amtsschreiber- und Richterwohnhaus.

FACHWERK HINTER MAUERN

Die kleine Stadt **Dassel**, die gern den Titel Grafschaft tragen würde, da das gleichnamige Grafengeschlecht im 12. und 13. Jahrhundert europaweit berühmt war, stammt ebenfalls aus karolingischer Zeit, erhielt 1315 die Stadtrechte und konnte sodann eine Befestigung anlegen, die heute in

Ungewöhnlich urig: die Fachwerkhäuser in der Stadtmauer von Dassel

Das Back- und Brauhaus entstand auf dem Gewölbekeller des Schlosses Freudenthal.

weiten Teilen als fast kreisrund angelegte Stadtmauer ohne die Stadttore vorhanden ist. Im Inneren des rustikal gemauerten Ringes dominiert das Fachwerk in zahlreichen zauberhaften Häusern; überdies gibt es um die St. Laurentius-Kirche drei Rittergüter mit zugehörigen standesgemäßen Villen. Recht kurios begegnet uns ein in die Stadtmauer integriertes Fachwerkhaus, just dort, wo einst der Balderturm, einer von sieben Stadttürmen, emporragte, 1820 abgerissen und an seiner Stelle ein heute urtypisches Ferienhaus errichtet wurde. Außerhalb des Rings liegen am einstigen Mühlgraben das Technikmuseum der **Blankschmiede Neimke** und das **Museum Grafschaft Dassel**, das sich intensiv der Heimatgeschichte widmet.

BIERKULTUR

Es ist ein merkwürdiges Gefühl, steht man den Autos seiner Jugendzeit plötzlich im Museum gegenüber. Passieren kann, nein, wird das so ziemlich jedem, der den **PS.Speicher** von Einbeck besucht. Blank poliert, verteilt sich die Geschichte der Mobilität auf zwei und mehr Rädern über mehrere Etagen im ehemaligen Kornhaus und bildet die größte öffentliche Oldtimersammlung Europas. **Einbeck**, die frühere Hansestadt am äußersten östlichen Zipfel des Solling, genießt besondere Bekanntheit für ihre große Braukultur, ist Namensgeber für die Brauvariante des »Bockbiers«. Das traditionsreiche **Einbecker Brauhaus** befindet sich noch stets im Stadtkern. Dieser erstreckt sich zu Füßen der **Marktkirche St. Jacobi**, die 2027

◀ An der Marktstraße in Einbeck ▲ Automobile Schätze im einzigartigen PS.Speicher ▼ Feinstes Fachwerk in der Tiedexer Straße

ihren 700. Geburtstag feiern wird. Ihr Turm misst 65 Meter und weist eine leichte Seitenneigung auf. Über enge Treppen besteht die Möglichkeit, ihn zu erklimmen. Für diese Mühsal entschädigt er mit einer fantastischen Aussicht über die tolle, nahezu homogene städtische Bausubstanz aus malerischen Fachwerkhäusern, das fast perfekte Abbild eines spätmittelalterlichen Stadtkerns, der aus der Zeit nach dem großen Stadtbrand von 1540 stammt. Prägnant dafür ist die lang gestreckte Passage an der Tiedexer Straße. Teils stehen die Häuser hier auf wesentlich älteren Gewölbekellern, teils sind sie derart windschief, dass man glaubt, die Türen können gar nicht mehr aufgehen.

Tipp

Aus dem überaus großen Programm an thematischen Stadtführungen in Einbeck sei besonders die Abendführung »Helles Bier und dunkle Schatten« erwähnt, die das fantastische Ambiente des Ortes in den Stunden der Dämmerung präsentiert und auch den Blick von oben, vom Diekturm und St. Jacobi, beinhaltet. Abschließend gibt es noch einen plaudernden Exkurs in die Braugeschichte, begleitet von gepflegtem Hopfenblüten-Tee. www.einbeck-tourismus.de

AUF EINEN BLICK

Info

STADT/REGION: Wesertal, Bodenfelde, Uslar, Einbeck
BESTE REISEZEIT: ganzjährig
OPTIMALE REISEDAUER: 1–3 Tage
TOURIST-INFO: Tourist-Information Wesertal, Brückenstraße 1, 34699 Wesertal, Tel. 05572/937 30, www.gemeinde-wesertal.de
Tourist-Information Flecken Bodenfelde, Amelither Straße 23, 37194 Bodenfelde, Tel. 05572/936 90, www.bodenfelde.de
Tourist-Information Uslar, Lange Straße 1, 37170 Uslar, Tel. 05571/30 72 20, www.uslar.de
Tourist-Information Einbeck, Marktstraße 13, 37574 Einbeck, Tel. 05561/91 65 55, www.einbeck-tourismus.de

SEHENSWÜRDIGKEITEN

DORF-MUSEUM OEDELSHEIM: Göttinger Straße 8, 34399 Wesertal, www.verkehrsverein-oedelsheim.de
SCHIFFERMUSEUM: In der Klappe 11, 34399 Wesertal, Tel. 05572/500
MÄRCHENFÄHRE LIPPOLDSBERG: Weserstraße, K79, 37194 Wahlsburg
KLOSTER LIPPOLDSBERG: Schäferhof 19, 34399 Wesertal, Tel. 05572/334, www.klosterkirche.de
MITTELALTERHAUS NIENOVER: 37194 Bodenfelde, www.mittelalterhaus-nienover.de

◀ Dorf-Museum Oedelsheim ▶ Fachwerk dominiert das Jagdschloss Nienover.

AUF EINEN BLICK

QUALITÄTSREGION WANDERBARES DEUTSCHLAND: www.wanderbares-deutschland.de
RATHAUS USLAR: Lange Straße 1, 37170 Uslar, Tel. 05571/30 70, www.uslar.de
HOTEL MENZHAUSEN: Lange Straße 12, 37170 Uslar, Tel. 05571/922 30, www.hotel-menzhausen.de
USLARER BAUERNGARTEN: Mauerstraße, www.uslar.de
MUSEUM USLAR: Mühlentor 4, 37170 Uslar, Tel. 05572/307 142, www.uslar.de
MUSEUM GRAFSCHAFT DASSEL: Teichplatz 1, 37586 Dassel, Tel. 01520/566 58 75, www.museum-grafschaft-dassel.de
PS.SPEICHER: Tiedexer Tor 3, 37574 Einbeck, Tel. 05561/88 88, www.ps-speicher.de

CAMPINGPLATZ WESERTAL OEDELSHEIM

ADRESSE: Am Hallenbad 3, 34399 Wesertal, Tel. 05574/945 99 60, www.campingplatz-wesertal.eu
ANFAHRT: Von der A7 Ausfahrt 75 Hann. Münden/Hedemünden nach links auf die B80 Richtung Hann. Münden, entlang der Weser bis Gieselwerder, an der Star-Tankstelle rechts und über die Weser, rechts auf die L561, am Ortsanfang von Oedelsheim rechts der Beschilderung zum Campingplatz und Hallenbad folgen.
GPS: 51.59282, 9.58898
Das leicht zum Weserufer hin abfallende Gelände des Platzes ist überwiegend Dauercampern vorbehalten, für Urlaubscamper stehen jedoch die besten Plätze, etwa 50, am Weserufer mit guter Aussicht als »Weserallee« und »Am Weserufer« zur Verfügung, vom Wasser nur getrennt durch den Weserradweg. Ver- und Entsorgungsmöglichkeiten sind vorhanden, Frischwasser und Strom an allen Stellplätzen, vorbildlich gepflegte Sanitäranlagen. Kiosk (mit Brötchenservice) für kleine Einkäufe, nettes, platzeigenes Bistro »Hüftgold«. In der Platzgebühr ist der Besuch des Hallenbades enthalten. Kanu- und Fahrrad-Vermietung verfügbar, Boote können direkt von der Slipanlage zu Wasser gelassen werden.

Der Weserradweg führt direkt am Campingplatz Wesertal Oedelsheim vorbei.

REISEMOBILPARK AM BADELAND

ADRESSE: Zur Schwarzen Erde 2, 37170 Uslar, Tel. 05571/30 72 20, www.uslar.de

ANFAHRT: A7 Ausfahrt 71 Nörten-Hardenberg auf der B446 Richtung Hardegsen und weiter auf der B241 nach Uslar, durch den Ort bis zum Kreisverkehr, der Beschilderung Badeland/Haus der Schmetterlinge folgen.

GPS: 51.66750, 9.62866

Ruhiger parzellierter Platz am Schwimmbad, Sanitäranlagen dort, Entsorgungsmöglichkeit in 200 Metern.

STELLPLATZ AM HALLEN- UND FREIBAD

ADRESSE: Ochsenhofweg 11, 37574 Einbeck, Tel. 05561/94 21 67, www.baeder.stadtwerke-einbeck.de

ANFAHRT: A7 Ausfahrt 69 Northeim-Nord auf die B3 nach Einbeck, erste Ausfahrt L487 auf Straße Altendorfer Tor, weiter Hullerser Tor und Hannoversche Straße bis Kreisverkehr am Kaufland, erste Ausfahrt rechts Kohnser Weg und Ivenstraße, Beschilderung zum Hallen- und Freibad folgen.

GPS: 51.82440, 9.86360

Kleiner, befestigter Platz, Sanitäranlagen im Schwimmbad, Gebühr enthält den Besuch des Bades, Entsorgungsmöglichkeiten, Stromanschluss.

SOLLING-VOGLER – DER NORDEN

Wälder an der Weser

Aschenputtels Glanzzeit ist verblasst, die Aussicht von Burg Polle großartig.

4

Entgegen sonstiger Gepflogenheit nähern wir uns der Weser nun vom Norden her und richten unser Wohnmobil-Domizil am Freizeitpark Mammut südlich des Zentrums von Stadtoldendorf zwischen den Höhenzügen Ith und Hils ein, um von hier aus den Vogler und die nördlichen Ausläufer des Solling bis hinunter an den Fluss zu erkunden.

1255 wurde aus Oldendorp, dem »alten Dorf«, »Stadt Oldendorf«. Ganz pragmatisch nutzte man die Verleihung der Stadtrechte zur Auffrischung des Namens – zur Unterscheidung von anderen, gleich bezeichneten Ortschaften. So zum Zentrum des Regierungsbereiches der Grafen von Homburg avanciert, bekam **Stadtoldendorf** seine Befestigung unterhalb der nördlich gelegenen herzoglichen Burg. Die Stadt liegt heute schwer zugänglich ruinös im Wald am Rand eines Gipsabbaugebietes. Die Stadtmauer hingegen ist noch teils recht gut erhalten, insbesondere der pittoreske **Försterbergturm** überragt die Stadt und wurde zu ihrem Aushängeschild. Einige hübsche Fachwerkhäuser prägen das Stadtbild, etwa jene um den Marktbrunnen. Im Raabehaus mit der Reliefplakette des Schriftstellers lebte die Familie des Justizamtmanns Gustav Raabe zwischen 1841 und 1845. Das Haus nebenan war im späten 19. Jahrhundert eine Wannenbadeanstalt, die es den Bürgern ermöglichte, eine gewisse Reinlichkeit zu wahren. Am Markt 1 schließlich liegt eines der ältesten Häuser, das den Dreißigjährigen Krieg unbeschadet überstanden hat. Unterhalb der Stadtmauer befindet sich im heutigen **Freilichtmuseum Mühlenanger** mit der Treppmühle, einer Getreidemühle vom Anfang des 15. Jahrhunderts, das letzte Stück Stadtoldendorfer Mühlenhistorie. Stimmt die Inschrift über der Tür zum Herrenhaus **»Camphof«**, dann stammt das stolze Gebäude mit dem steinernen Portal am Ende der Heiße Straße aus dem Jahr 1561. Das großzügige Anwesen ist nun eine repräsentative Wohnanlage.

DAS VERMÄCHTNIS WILHELM RAABES

Nur durch den Homburger Wald getrennt liegt nördlich Stadtoldendorfs die zur Samtgemeinde gehörende **»Raabestadt« Eschershausen**, der Geburtsort des Literaten Wilhelm Raabe. Er war eng mit seiner Heimat verbunden und verarbeitete viel Autobiografisches in seinen Romanen. In dem im 8. Jahrhundert gegründeten Eschershausen dreht sich viel um den großen Sohn der Stadt, dessen **Geburtshaus** sich als kleines Museum seinem Leben und Werk widmet. Das Wortspiel mit dem gleichnamigen Krähenvogel inspirierte zu mancherlei Kunstwerk im Ortsbild. Raben überall: filigran auf Jugendstilsäulen vor dem Rathaus, im Stadtpark, bunt als Windspiel über dem Brunnen am Otto-Elster-Platz, wo der Salzbach, in gepflasterte Slalomkurven gezwängt, Richtung Lenne fließt. Anlässlich Raabes 175. Geburtstags 2006 legte die Stadt einen beschilderten Stadtspaziergang an. Tafeln mit erstaunlich aktuellen Sinnsprüchen des Poeten finden sich an verschiedenen Sehenswürdigkeiten des Ortes.

NSU-MOTORRAD-MUSEUM Motorräder sind auf den kurvenreichen Strecken des Weserberglandes populär und gut unterwegs. Im Gutshof des Weilers Wickensen südöstlich von Eschershausen kann man die Geschichte des motorisierten Zweirades in der Ausstellung des NSU-Motorrad-Museums in Augenschein nehmen. Viele der Motorräder sind fahrbereit, selbst das älteste Gefährt von 1927. Einige Kult-Pkw, Ladeneinrichtungen und Wohnräume der Wirtschaftswunderjahre runden die nostalgische Zeitreise ab. www.gutshof-wickensen.de

◀ Wilhelm Raabe Museum in Eschershausen ▶ Am Otto-Elster-Platz

◀ Wilhelm-Busch-Gedenkstein in Lüthorst ▶ Lernen in der Turmschule

WILHELM BUSCH UND DIE JUGEND

Auf die Spuren eines weiteren Poeten, nämlich Wilhelm Buschs, begeben wir uns in **Dassel-Lüthorst**. Er verbrachte seine Jugend in dem kleinen, landwirtschaftlich geprägten Dorf aus karolingischer Zeit, das seit 1974 zu Dassel gehört, lebte bei seinem Onkel, dem Ortspastor Kleine, im Pfarrhaus und kehrte trotz vielfältiger Lebensstationen im Laufe der folgenden fünf Jahrzehnte stets zurück. Der Ort beseelte ihn zu zahlreichen Werken, zu Bildern und Gedichten. Auf dem **»Wilhelm-Busch-Pfad«** quer durch Lüthorst informieren Schautafeln über sein Leben und seine Aktivitäten. Wir besuchen dabei den Ziegenstall, Grundlage für Buschs Gänsehistorie, und die winzige **Turmschule** von 1598 in der Dorfkirche mit einer authentisch nachgestellten Szene. Das Wirtshaus, das ihn zu seinen launigen Zeichnungen anregte, ist mittlerweile Wohnhaus, Gläser klirren nicht mehr, kein Lachen, kein Lamentieren, dennoch wabert Buschs Geist mystisch durchs Dorf und macht auch vor der uralten Kastanie im Pfarrgarten mit der Ruhebank nicht halt, ein populäres Selfie-Motiv.

EIN STÜCK FERNWANDERWEG

Der Fernwanderweg **Weserbergland-Weg** folgt über 225 Kilometer dem Oberlauf des Flusses von Hann. Münden nach Porta Westfalica. Er quert die Weser ein ums andere Mal, alterniert ständig, um auch die Höhenlagen zu erkunden, immer wieder faszinierende Panoramen über das mal enge, mal weite Tal zu eröffnen und die unterschiedlichsten Landschaftstypen auszukundschaften. Man muss nicht unbedingt alle 13 Etappen absol-

Schottische »Belties« grasen im Hellental, bekannt durch Pop-up-Glashütten.

vieren; es ist legitim, an einer Stelle der gut beschilderten Wegstrecke einzusteigen und dem markierten »W« eine Weile zu folgen. Ungefähr am Ende des ersten Drittels des Weges bei Neuhaus am Solling befindet sich der hölzerne, 33 Meter hohe **Aussichtsturm Hochsolling**, der 2022 seinen 30. Geburtstag feierte. Es lohnt insbesondere bei schönem Wetter die 182 Stufen zu bewältigen, denn die Übersicht ist überwältigend. Am Wanderparkplatz, von dem aus wir zum Turm hinaufspazieren, liegt der Gedenkstein an den sagenhaften **Oberförster Hackelberg**, dessen Legende sich weithin manifestiert hat. Der Jägersmann verfluchte sich selbst vor seinem tragischen Ableben und geht seither an stürmischen Winternächten als Wiedergänger auf die Pirsch … so sagt zumindest der Volksmund.

Tipp

Ein Stück Nordeuropa hat der Wildguide Axel Winter nach Silberborn geholt und bietet geführtes Husky- und Rentiertrekking an. Schneller unterwegs ist man mit den Dogscootern, Tretrollern auf der Basis von Mountainbikes, die teilweise von zwei Hunden gezogen werden. Liegt Schnee, dann sind natürlich auch Hunde- oder, etwas gemächlicher, Rentierschlittentouren möglich. www.wildguide.de

SENSIBLES BIOTOP

Vom Turm verläuft der Weserbergland-Weg zunächst parallel zum Liebesbankweg, der sich durch einige hübsch gestaltete, schön gelegene Sitzbänke auszeichnet, aber nicht nur Romantikern vorbehalten ist. Hinter Silberborn erreichen wir das einzigartige **Hochmoorgebiet Mecklenbruch**, das wir auf einem hölzernen Pfad durchmessen, während wir uns anhand von Schautafeln über die rare Flora und Fauna, von Wollgras und Sonnentau über Moosbeere bis zur Smaragdlibelle, informieren. Im Moorbirkenwald sorgen frei laufende Exmoor-Ponys, Galloway-Rinder und Rotes Höhenvieh für die Landschaftspflege.

Durch das schmale **Hellental** zwischen bewaldeten Bergrücken wandern wir in den Ort Hellental, Mitte des 18. Jahrhunderts planmäßig als Arbeitersiedlung angelegt. Für die Lokalgeschichte war die Glasherstellung bedeutsam. Kleine Glashütten, vergleichbar mit Pop-up-Werkstätten, lagen am Ufer des Hellentalbaches, die den Ruf des »Tals der Glasmacher« begründeten. Zwei kleine Museen, das Sollinghaus Weber und das Museum im Backhaus, widmen sich dieser spannenden Historie. **Neuhaus im Solling** liegt beschaulich in der Senke der Bäche Dölme und Holzminde mitten im Wald zwischen den Höhenzügen. Der Ort stellte ein echtes Kuriosum dar, weil drei benachbarte Dörfer, aus denen er letztlich 1962 hervorging, zu unterschiedlichen Gemeindegebieten gehörten, aber ihre Eigenständigkeit behalten wollten, was reichlich bürokratischen Dünkel erzeugte. Südlich des Zentrums liegt der **Wildpark Neuhaus**, der die Landschaftstypen des Solling vereint und sich speziell der heimischen Tierwelt widmet.

◀ Logo des Weserbergland-Weges als Sitzbank ▶ Im Dörfchen Hellental

4

WEISSES GOLD VOM FÜRSTENBERG

Westlich an Neuhaus grenzt die Samtgemeinde **Boffzen-Fürstenberg** und verbindet die Wälder des Solling mit dem Tal der Weser am Übergang nach Nordrhein-Westfalen. **Schloss Fürstenberg** balanciert einem Adlerhorst gleich auf den Klippen über dem Fluss und ist das Wahrzeichen der Region. Über mehr als 300 Jahre wurde im Schloss bis 1974 Porzellan hergestellt. Gebaut im 13. Jahrhundert als wehrhafte Burganlage, im 16. Jahrhundert zum Jagdschloss umgewidmet, liegt der Schwerpunkt nun in der musealen Aufbereitung der Manufakturgeschichte mit einer der größten Porzellansammlungen der Welt. Auch die Arbeitsprozesse sind Bestandteil der Ausstellungen und können in der Besucherwerkstatt selbst erfahren werden. Nordwärts passieren wir Boffzen als nächste Siedlung. Die ikonische **Ölmühle Solling**, schon über ein Vierteljahrhundert familiengeführt, stellt in Handarbeit Bioprodukte her. Grundsätzlich kalt gepresst, werden sorgfältig ausgewählte Rohstoffe ohne weitere Zusätze zu wertvollen Speiseölen veredelt und in nur geringen Margen abgefüllt. Damit gehört die Ölmühle zu den wichtigsten Produzenten der ökologisch ausgerichteten **Regionalmarke »Echt!«**, die an vielen Orten und gastronomischen Betrieben im Weserbergland als herausragendes Qualitätsmerkmal zu finden ist.

Im Schloss Fürstenberg wurde über mehr als 300 Jahre Porzellan hergestellt.

Das mächtige Getreidesilo dominiert das Holzmindener Hafengebiet an der Weser.

WIRTSHAUS 1848 IM LANDHAUS SOLLINGSHÖHE »Mackes Wilde Landhausküche«, eine modern interpretierte, nachhaltige und bodenständige Küche, wird in diesem Wirtshaus in Silberborn in rustikaler Atmosphäre serviert. Die Betreiber des Hauses führen gleichzeitig vor Ort die Silberborner Pestowerkstatt mit einer pfiffigen Auswahl an Pestos, Cremes und Chutneys. www.mackes-sollingshoehe.de

MIT FEINER NASE

Dort Öl, hier Essig: Das um 850 gegründete **Holzminden** erhielt zu Beginn des 13. Jahrhunderts eine Befestigungsanlage, um den Status als Markt- und Zollstadt zu untermauern. Der Altstadtkern lässt auf eine durchdachte Planung seitens der regierenden Grafen von Everstein schließen. Im Dreißigjährigen Krieg fast vollständig zerstört, dauerte es lange, bis Holzminden, stets im ökonomischen Schatten der Nachbarn Höxter und Corvey am anderen Weserufer, wieder wirtschaftliche Grundlagen schaffen konnte. Einen Teil trug dazu der **Essighof** in der Halbmondstraße bei, der seit 1776 in dem urigen Fachwerkanwesen Essig herstellt. Das Restaurant mit dem gemütlichen Innenhof und der bodenständig regionalen Küche konnte viele Elemente der historischen Bausubstanz von 1683, vom Gewölbekeller bis zum Backofen, bewahren.

◀ Im Holzmindener Essighof ▲ Sonnenterrasse am Weserhotel Schwager
▼ Fotograf und Models am Weserkai

100 Jahre später begann der Ruhm Holzmindens als »Stadt der Düfte«, nachdem es Wilhelm Haarmann gelang, auf künstlichem Wege Vanillin herzustellen. Damit begann ein Siegeszug, der noch heute Bestand hat. Geruchs- und Geschmacksstoffe jedweder Art aus der Produktion des Unternehmens Symrise sind weltweit begehrt. Entsprechend können wir in Holzminden dem **»Pfad der Düfte«** folgen, der uns an 15 Duftstelen die Ackerbürgerstadt auf sinnliche Weise näherbringt und gleichzeitig ihre Geschichte erzählt, zwischen Lutherkirche, dem alten Marktplatz, Severin'schem Haus und dem mächtigen Getreidesilo am Hafen.

DAS VORZEIGESCHLOSS

Als herausragendes Beispiel für die Stilepoche der Weserrenaissance gilt **Schloss Bevern** im gleichnamigen Ort etwas außerhalb Holzmindens. Es wurde zwischen 1603 und 1612 als vierflügelige Schlossanlage mit quadratischem Innenhof von der Adelsfamilie Münchhausen errichtet. Die wechselvolle Geschichte sah das Schloss mehrfach als Residenz und Altersruhesitz seiner jeweiligen Eigentümer, zeitweise gar als Knopffabrik. Während des 19. Jahrhunderts als berüchtigtes Erziehungsheim genutzt, war es nach dem Zweiten Weltkrieg ein Flüchtlingslager. Mit dem Einzug des Heimatmuseums 1976 begann eine neue Wertschätzung für Schloss Bevern, das als zentrales, regionales Kulturzentrum für Theater, Konzerte und Ausstellungen sowie als begehbare »Erlebniswelt Renaissance« Verwendung findet. Die prachtvolle weiß-blaue Fassade und die feinen, an den Giebeln verschnörkelten Stuckarbeiten, die dem Äußeren des Schlosses eine porzellanartige Anmutung verleihen, kontrastieren mit dem Innenhof, den die beiden Treppentürme mit ihren Zwiebeldächern dominieren. Auch hier lohnt ein genauerer Blick auf die Details, die üppige Stuckornamentik und ein Besuch der Tourist-Information mit Schloss-Shop.

WALD-WANDERUNG Eine ausgeschilderte Wanderung durch das Waldgebiet auf dem Burgberg zwischen Polle und Stadtoldendorf kann im Frühsommer zu einer traumhaften Begegnung mit wild wachsenden Frauenschuhen und weiteren seltenen Orchideenarten werden. Ausgangspunkt ist der Wanderparkplatz Schullenhufe an der B64. GPS: 51.87126, 9.54940

Im Innenhof des Weserrenaissance-Schmuckstücks Schloss Bevern

Polle mit seiner prachtvollen Burgruine stammt aus dem späten 13. Jahrhundert.

BURG MIT AUSSICHT

Die prominente Lage auf einer Felskuppe über der Weser nützte der gegen Ende des 12. Jahrhunderts erbauten **Burg Polle** recht wenig, wenngleich die während des Dreißigjährigen Krieges zerstörten Überreste von Ober- und Unterburg mitsamt dem 20 Meter hohen Bergfried durchaus noch stattlich erscheinen und fantastische Ausblicke über das weite Wesertal ermöglichen. Zeitgemäß gewandet, übernehmen oft Graf und Gräfin von Everstein Führungen, bei denen so manche Anekdote aus der Geschichte des Ortes wie der Burg erzählt wird. In der Vorweihnachtszeit verwandelt sich der Turm in Norddeutschlands größte Adventskerze.

Der **Flecken Polle** an der Deutschen Märchenstraße liegt am Scheitelpunkt eines engen Weserbogens, der mittels der seit 1905 aktiven Gierseilfähre traditionell überquert werden kann. 1995 übernahm Polle die Patenschaft für das »Aschenputtel«, organisiert regelmäßig ein Aschenputtelspiel und richtete 2013 gar einen beschilderten und mit Originaltexten der Gebrüder Grimm versehenen **Aschenputtelweg** ein, an dem das Taubenhaus und der goldene Schuh Cinderellas versteckt sind. Um nun von Polle nach Stadtoldendorf zu gelangen, bietet sich die kurvenreiche Route über die **»Rühler Schweiz«** im westlichen Ausläufer des Voglers an. Das hügelige, als historische Kulturlandschaft klassifizierte Weideland ist durchzogen von Buchenwäldern und zahlreichen Streuobstwiesen; es rühmt sich einer besonders spektakulären Kirschblüte und kürt alljährlich eine Kirschblütenkönigin.

AUF EINEN BLICK

Info

STADT/REGION: Solling-Vogler, www.solling-vogler-region.de
BESTE REISEZEIT: ganzjährig
OPTIMALE REISEDAUER: 1–3 Tage
TOURIST-INFO: Samtgemeinde Eschershausen-Oldendorf, Kirchstraße 4, 37627 Stadtoldendorf, Tel. 05532/900 52 24, www.eschershausen-stadtoldendorf.de
Dassel-Lüthorst, www.stadt-dassel.de
Neuhaus im Solling, www.weserbergland.com/de/staedte/orte/neuhaus
Boffzen-Fürstenberg, Meinbrexer Straße 2, 37699 Fürstenberg, Tel. 05271/956 00, www.boffzen.de
Holzminden, Stadtmarketing, Markt 2, 37603 Holzminden, Tel. 05531/99 29 60, www.stadtmarketing-holzminden.de
Flecken Polle, www.polle-weser.de

SEHENSWÜRDIGKEITEN

FREILICHTMUSEUM MÜHLENANGER: Mühlenanger, 37627 Stadtoldendorf, Tel. 05532/42 55
GEBURTSHAUS WILHELM RAABE: Raabestraße 5, 37632 Eschershausen, Tel. 05534/39 69, www.samtgemeindeverwaltung.de
WILHELM-BUSCH-PFAD: www.luethorst.net/auf-den-spuren-von-wilhelm-busch

◀ Die Gierseilfähre von Polle ▶ Der Weserbergland-Weg ist gut ausgeschildert.

AUF EINEN BLICK

WESERBERGLAND-WEG: www.weserbergland-tourismus.de/de/p/lage-und-wegeverlauf-des-weserbergland-weges/55346810
AUSSICHTSTURM HOCHSOLLING: www.holzminden.de, GPS: 51.75565, 9.54352
HOCHMOORGEBIET MECKLENBRUCH: www.hochsolling.de, GPS: 51.78089, 9.55740
WILDPARK NEUHAUS: Wildpark 1, 37603 Holzminden-Neuhaus, Tel. 05536/10 11, www.hochsolling.de
SCHLOSS FÜRSTENBERG: Meinbrexener Straße 2, 37699 Fürstenberg, Tel. 05271/96 67 78 10, www.fuerstenberg-schloss.com
ÖLMÜHLE SOLLING: Höxtersche Straße 3, 37691 Boffzen, Tel. 05271/96 66 60, www.oelmuehle-solling.de
ESSIGHOF: Halbmondstraße 4, 37603 Holzminden, Tel. 05531/14 09 36, www.essighof-holzminden.de
SCHLOSS BEVERN: Kulturzentrum, 37639 Bevern, Tel. 05531/70 71 09, www.schloss-bevern.de
BURG POLLE: Fährstraße 1, 37647 Polle, Tel. 05533/405 59, www.polle-weser.de
ASCHENPUTTELWEG: www.deutsche-maerchenstrasse.com/orte/polle

CAMPINGPLATZ AM FREIZEITPARK MAMMUT

ADRESSE: Linnenkämper Straße 41, 37627 Stadtoldendorf, Tel. 0172/717 97 06, www.fpmammut.de
ANFAHRT: A7 Ausfahrt 67 Neesen/Harz rechts auf B248 nach Süden bis Abzweig auf B64 Richtung Bad Gandersheim, durch Orxhausen, Greene, Wenzen und Eimen Richtung Stadtoldendorf, links auf L583 durch Lenne, nach langer Rechtskurve links auf L546 Richtung Wangelnstedt, im Ort rechts auf Hirterhof, über Bruch und Mühlenbergstraße bis Linnenkamp, im Ort rechts auf Giesenbergstraße Richtung Stadtoldendorf, Beschilderung Freizeitpark und Campingplatz folgen.
GPS: 51.87457, 9.64755

◀ Wohnmobile auf der Weserterrasse von Polle ▲ Camping am Freizeitpark Mammut ▼ Auf dem Holzmindener WoMo-Stellplatz

Der Campingplatz liegt an einem populären Off-Road-Gelände und ist gut besucht von Freunden der Off-Road-Aktivitäten. Sanitäranlagen sind sehr ordentlich, Entsorgungsmöglichkeiten vorhanden, ebenso ein recht uriges Lokal. Stromanschlüsse finden sich an einigen Säulen und sind nicht überall erreichbar. Marginal parzelliert, liegt der Platz teilweise am Hang.

WOHNMOBILSTELLPLATZ UND MOBILCAMPING HOLZMINDEN

ADRESSE: Stahler Ufer 16A, 37194 Holzminden, Tel. 05531/99 09 65, www.camping-holzminden.de

ANFAHRT: A44 Ausfahrt 65 Warburg auf die B252 Richtung Warburg und Brakel, in Hohenwepel rechts auf die B241 Richtung Beverungen, an der Ampel links auf B83 Richtung Höxter, in Godelheim rechts auf B64, weiter bis Holzminden, rechts auf B83 Richtung Holzminden Zentrum und gleich wieder rechts zu den Freizeitbädern und den Camping- und Stellplätzen.

GPS: 51.82727, 9.43928

Mehr als 150 Stellplätze verfügbar, teilweise direkt an der Weser, Entsorgungsmöglichkeiten vorhanden, Supermarkt in der Nähe.

ZWISCHEN NETHE & EMMER

Im Weserbergland

Wehrturm in der weitläufigen Klosteranlage von Marienmünster

5

Geografisch betrachtet ließe sich das Zentrum des Weserberglandes in etwa in der Region um Höxter und dem Kloster sowie Schloss Corvey, UNESCO-Welterbestätte seit 2014, verorten. Wir befinden uns hier nicht nur in der östlichsten Ecke Nordrhein-Westfalens, sondern auch in einer der ältesten Städte Norddeutschlands und an Orten von überregional bedeutsamer Kultur- und Gesellschaftshistorie.

Vom idyllischen Campingplatz Wesercamping Höxter am rechten Weserufer, zudem am Rande des Sportzentrums der Stadt mit Tennisplätzen, Fußball und Leichtathletik, Freibad, Reit- und Fahrverein sowie dem örtlichen Ruderclub sind die Sehenswürdigkeiten Höxters und Corveys auf entspannten Spaziergängen entlang des Weserufers problemlos zu erreichen. Insbesondere ab 2023 ist diese Wanderung ausgesprochen spannend, da sie durch das Areal der **Landesgartenschau 2023** verläuft und eine malerische Verbindung zwischen zwei Polen schafft, die im Mittelalter eher feindlich gesonnen waren.

NACHBARSCHAFTSGERANGEL

Als Corvey 822 gegründet wurde und schnell zu einem der wichtigsten Klöster Europas aufstieg, bestand auch schon die Siedlung Höxter, damals »Villa Hucxori«. Sie wurde der Reichsabtei zugesprochen und konnte sich dadurch in der Folgezeit nur mühsam entfalten. Doch mit Beginn des 12. Jahrhunderts, bedingt durch den Bau einer Weserbrücke, entwickelte sich Höxter zu einem wichtigen Verkehrsknotenpunkt und selbstständigen Handelszentrum – mit dem Segen des heiligen Nikolaus, Schutzpatron der Kinder und Kaufleute, und zum Missfallen des Abtes von Corvey. Dieser ließ ebenfalls eine Brücke bauen und erwirkte die Stadtrechte. Doch sein Bemühen kam zu spät. Corveys Bewohner wandten sich Höxter zu, das seinen Stadtkern mit einer Mauer umgab. Der Ort vor der Abtei verödete und ließ nichts zurück als eine verblassende Erinnerung.

Die stetigen Querelen zwischen Höxter und Corvey beschreibt Wilhelm Raabe in seinem gleichnamigen Roman. Dieser spielt in der Zeit nach dem Dreißigjährigen Krieg, als Höxter, blühende Handels- und Hansestadt, gleich mehrfach stark zerstört und 1674 wieder an die Reichsabtei angegliedert wurde. Weserlandschaft, Weserscholle und der Weserbogen mit seinen landwirtschaftlichen Bereichen als Kernanlage der Gartenschau gelingt es, wieder eine freundschaftliche Brücke zu schlagen. Auch weite Bereiche des Grüngürtels der **Wallanlage**, die den Verlauf der weitgehend erhaltenen **Stadtmauer** um den Stadtkern Höxters mit Wiesen und dichtem Baumbestand dokumentiert, sind in das Ausstellungsgelände integriert. Höxter gehört zu den Mitgliedern der **»Neuen Hanse«**, die 1980 ins Leben gerufen wurde und sich statt nach historischer Prämisse um florierenden Handel lieber um innereuropäische kulturelle Belange kümmert. Es gelang der Stadt, einige wahrhaftige Schätze aus der Weserrenaissance bis heute zu erhalten und damit die Verbindung zur ursprünglichen Hansezeit zu wahren.

ZEITREISE DURCH HÖXTER

Und so wird der Stadtspaziergang zu einer faszinierenden Zeitreise, die sich insbesondere in der zauberhaften **Fachwerkarchitektur** in Straßen und Gassen widerspiegelt. Dabei gilt es, den Blick nicht stets, aber doch häufig nach oben zu richten, denn die Schnitzereien an den Fassaden sind eine Augenweide. Die darauf erkennbaren Jahreszahlen verblüffen uns ein ums andere Mal und zeugen zudem vom damaligen Reichtum der Stadt.

Mit Zeit und Muße entdeckt man manch Detail aus der Geschichte Höxters.

◀ Die Doppeltürme von St. Kiliani ▶ Pittoresk gibt sich das alte Rathaus Höxters.

CAFÉ PAMMEL Gelebte Tradition ist im Café Pammel bei der Kirche St. Nikolai im Zentrum Höxters seit 1948 an der Tagesordnung. Neben der verführerischen Auswahl an Obstkuchen, Torten und Backwaren reicht das Angebot über Baumkuchen bis hin zu Pralinenkreationen aus Schokolade und Marzipan. Beeindruckend ist schon allein die wohlsortierte Sammlung historischer Kaffeemühlen. www.cafepammel.de

Nach Überquerung der **Weserbrücke**, das Wohnmobil bleibt beim Wesercamping, erreichen wir per pedes zunächst das **Historische Rathaus**, dessen Ursprünge bis in die Mitte des 13. Jahrhunderts zurückreichen. Damals lag es am Markt, beherbergte die Tuch- und Markthalle, war bedeutsamer Umschlagplatz für die Waren des Hochmittelalters. Der Treppenturm mit der neckischen Kuppel in Zwiebelform kam wie der Fachwerkaufbau beim Umbau um 1615 hinzu. Gleich dahinter erheben sich die Zwillingstürme der **St. Kiliani-Kirche**, dem Wahrzeichen Höxters von etwa 1100, ältester Sakralbau der Stadt und Ebenbild des Westwerks der Abteikirche Corvey. Bei genauer Betrachtung fällt auf, dass die Türme einen Höhenunterschied aufweisen: Die Macht Gottes steht symbolisch über der weltlichen. Mit etwas Glück bietet sich im Kircheninneren ein besonderes Hörerlebnis, wenn nämlich die Barockorgel erklingen sollte.

Historisches Fachwerk an jeder Ecke in Höxters Innenstadt

SCHNITZKUNST ALLÜBERALL

Vom Rathaus folgen wir der Weserstraße ein Stück Richtung Zentrum und biegen links auf die Stummrigestraße ab. Hier reihen sich tolle Fachwerkhäuser aneinander, und wir erreichen zu unserer Linken kurz vor der Kreuzung mit Wegetal- und Uferstraße, dem Ende der Fußgängerzone, neben dem urigen Lokal **»Zum Landsknecht«** (Stummrigestraße 17, www.paulaner-zum-landsknecht.de) von 1540 das **Haus Horstkotte** aus dem Jahr 1554. Das hochherrschaftliche Bürgerhaus aus der frühen Weserrenaissance ist verschwenderisch üppig mit kolorierten Schnitzereien versehen, darunter stattliche Landsknechte und Engelsgestalten mit weißen Flügeln rund um den Portalbogen. Wieder etwas weiter stehen wir vor dem prächtigen Haus, das der begüterte Kornhändler Molner 1571 errichten ließ und als **»Adam und Eva Haus«** das bekannteste Fachwerkgebäude Höxters ist. Die geschnitzte Darstellung der Protagonisten des Sündenfalls befindet sich am südlichen Eckständer, während auf der Fassade christliche Motive von Kreuzigung und Verkündigung prangen. Über die Neue Straße und rechts die Westerbachstraße passieren wir weitere Fachwerk-Kleinodien, wobei oft das Erdgeschoss architektonisch etwas entstellt wirkt, angesichts knalliger Außenwerbung und höchst kontrastreicher Dekoration der Ladenlokale. Hinter der Kneipe **»Zum Fäßchen«** streckt sich der ehemalige Corveyer Lehnshof über das Niveau der übrigen Bausubstanz hinaus. Er entstand im Weserrenaissancestil auf den Grundmauern eines früheren Adelssitzes und beherbergt das **Kunstmuseum »Forum Jacob Pins«**. In der Ausstellung dreht sich vieles um den Beitrag, den jüdische Bürger für die Entwicklung der Stadt Höxter über 700 Jahre geleistet haben, bis zum jähen Ende im Dritten Reich. Die Arbeiten des Künstlers Jacob Pins illustrieren dies eindrucksvoll und werden bei einer Führung durch die Räumlichkeiten detailliert erläutert.

ÜBER DIE ORTSCHAFTEN Eine knapp 30 Kilometer lange Radtour führt vom Historischen Rathaus in Höxter in nordwestlicher Richtung über die kleinen Weiler Brenkhausen, Fürstenau und Bödexen in den Naturpark Teutoburger Wald/Eggegebirge. Durch weitläufiges Waldgebiet erreichen wir Albaxen und das Weserufer und folgen seinen Schwüngen bis Corvey und zurück zum Rathaus. www.hoexter-tourismus.de/tour/hoexter-ueber-die-ortschaften

◀ Am Adam und Eva Haus ▲ Haus Horstkotte von 1554 ▼ Zum Landsknecht

Zweigen wir an der Rosenstraße links ab, erreichen wir den »Uffelnschen Hof«, das **Amtsgericht** der Stadt, das ab 1827 im ursprünglichen Corveyer Lehnshof aus dem 13. Jahrhundert residiert. Für den Adelssitz derer von Uffeln war Mitte des 18. Jahrhunderts der Standort einer Porzellanmanufaktur geplant, was der Herzog von Braunschweig-Lüneburg verhinderte, da er um Konkurrenz zum nahen Fürstenberger Betrieb fürchtete. Durch die Möllingerstraße spazieren wir in einem eleganten Bogen zurück in Richtung Zentrum und stehen bald am Portal der barocken **St. Nikolai-Kirche** von 1770. Gegenüber beeindruckt das Äußere des »Amelunxenschen Hofes«, der bald nach der Weihung der Kirche Pfarrhaus wurde und als **Dechanei** bekannt ist. Hier lohnt ein genauer Blick auf die Schnitzarbeiten, denn die typischen Fächerrosetten sind keineswegs alle identisch. Über 60 Stück verbergen auch manch Porträt und skurrile Figur.

Literatur für die Ewigkeit in der riesigen Bibliothek Schloss Corveys

◀ Das Amtsgericht von Höxter ▶ Die Grabstätte Hoffmann von Fallerslebens

KAROLINGISCHE BAUKUNST

Stromabwärts auf der Weserpromenade erreichen wir nach dem kleinen Hafenbecken das Fürstenschloss Corvey, signifikant überragt von den Doppeltürmen des Westwerks der Klosterkirche. Gerade das Westwerk war maßgeblich für die Ernennung zum Welterbe, denn es stammt in seinem Erscheinungsbild als Teil der Klosteranlage aus der Zeit Karls des Großen, der dessen Gründung 822 veranlasste. Erbaut zwischen 873 und 885, ist es das älteste erhaltene Bauwerk Westfalens und zählt mit den säulenbewehrten Gewölben und Hallen zu den bemerkenswertesten Baudenkmälern Deutschlands. Schon beim Eintritt durch das schwere Portal unter den Zwillingstürmen in den Eingangsbereich vor dem eigentlichen Kirchenraum empfängt uns der Atem der Geschichte, hüllt uns ein und lässt uns beim Spaziergang nicht wieder los. Eine Treppe führt uns nach oben zum Johannischor, der im 16. Jahrhundert eine Balkendecke erhielt. An den Gewölbewänden sind rudimentär noch Wandbilder erkennbar. Der heutige Kirchenraum trat etwa zeitgleich als Saalbau mit reichhaltiger barocker Ausstattung an die Stelle der einstigen Abteikirche.

DER BIBLIOTHEKAR IM SCHLOSS

Auf dem kleinen Friedhof nebenan befindet sich das Grab des Dichters Hoffmann von Fallersleben, des Verfassers des Deutschlandliedes. Er arbeitete als Bibliothekar in der fürstlichen Bibliothek Corveys, verstarb 1874 ,und die patinierte Büste ziert nun eine Stele auf der blumenumrankten Grabstätte. Beim Blick in die Gartenanlage der Wirtschaftsgebäude fallen die großen Blätter einer Bananenstaude auf. Früchte hat sie aber wohl noch keine getragen.

Das traditionsreiche karolingische Westwerk mit dem Westflügel des Schlosses Corvey

Tipp

Wenn Herr von Fallersleben sich über Mäuse ärgerte, war das die große Stunde der Schlosskatze Minka, die sich in Mausangelegenheiten ihrer Verantwortung bewusst war. Während sie in ihrem ersten Leben den Mönchen zu Diensten war, betätigt sie sich in ihrem nun siebten Leben als kurzweiliger Führer für Kinder im Vor- und Grundschulalter. Die sprechende Handpuppe ist ein Quell spannender Geschichten aus dem Corveyer Leben. www.corvey.de/fuehrungen

WANDELN IN DEN HALLEN

Obwohl eine Führung durch den Gebäudekomplex des Schlosses Corvey, das über gut 1000 Jahre bis zur Säkularisierung Mitte des 19. Jahrhunderts Kloster der Benediktiner war, informativ, unterhaltsam und aufschlussreich ist, hat es einen eigenen Reiz, die eindrucksvollen Räumlichkeiten auf eigene Faust auf dem ausgeschilderten Weg zu erkunden. Gerade dann, wenn man dies fast allein machen und die repräsentative Erhabenheit ganz auf sich wirken lassen kann. Der Weg führt vom Westwerk in den historischen Klosterbereich mit dem lichtdurchfluteten Kreuzgang und Blick in den Friedgarten. Hinter den Türen der Äbtegalerie, ein langer hoher Flur mit den Porträts aller jemals in der Abtei amtierenden Äbte und Bischöfe (die 1714 fertiggestellten Konterfeis sind überwiegend frei vom Maler erfunden), findet sich eine sehenswerte Ausstellung zur Klostergeschichte. Über den Geweihgang erreichen wir den Ostflügel. In der langen, leeren Flucht, in die die Geweihenden und Wandleuchter hineinragen, befand sich der aristokratische Speisesaal. Das Klappern von Besteck und Porzellan, das Klirren der Gläser, die dumpfe Geräuschkulisse geflüsterter Unterhaltungen werden in Gedanken lebendig. Dahinter erstrecken sich die fürstlichen Wohnbereiche mit dem zentralen **Kaisersaal**, tollem Stuck und fein gearbeiteten Deckengemälden. Die hochherrschaftlichen Räume reihen sich aneinander wie Theaterbühnen. Der Nordflügel schließlich umfasst die phänomenale **fürstliche Bibliothek** mit ihrer umfangreichen, 15 Räume umfassenden privaten Sammlung von mehr als 74 000 Büchern.

KÖTERBERG Auf der Fahrt von Höxter nach Norden erkennt man den markanten, 1971 errichteten Fernmeldeturm auf dem Köterberg, mit 496 Metern eine der höchsten Erhebungen der Region, gern auch als »Brocken des Weserberglandes« bezeichnet. Von hier, auf der Grenze von Nordrhein-Westfalen und Niedersachsen, bietet sich eine tolle Rundumsicht mit empfehlenswerter Gastronomie im Köterberghaus von 1929. www.koeterberg.de

◀ Viele Porträts der Äbtegalerie sind frei erfunden. ▶ Kreuzgang im Kloster Corvey

5

DÖRFER DES TEUTOBURGER WALDES

Der Kreis Höxter verfügt über eine weitere bemerkenswerte Klosteranlage, die wir innerhalb weniger Minuten Fahrt in die moderaten Hügel des beginnenden Teutoburger Waldes erreichen. Die **Abtei Marienmünster** wurde im 12. Jahrhundert als Benediktinerkloster gegründet und 1803 aufgegeben. Nicht alle Bereiche der Gartenanlagen um die Pfarrkirche St. Jakobus sind zugänglich, bieten jedoch viel Gelegenheit zum entspannten Spaziergang. Neben einem Blick auf die Kunstschätze im Kircheninneren lohnt der Besuch des **»Forums Abtei«**, das seit 2016 in einem modernen Gebäude Geschichte und Gegenwart der Klöster der Region beleuchtet. Erst 1970 entstand die Gemeinde Marienmünster aus dem Zusammenschluss von 13 teils uralten Dörfern. So durchqueren wir Löwendorf, Hohehaus, Bremerberg und Bredenborn in ihrer verträumten Romantik auf kurvenreicher Weiterfahrt nordwärts in die ebenfalls erst 1970 geschaffene Doppelstadt **Schieder-Schwalenberg**.

Ein mächtiges Portal findet sich am Eingang zum Klostergut Marienmünster.

Burg Schwalenberg thront wachsam über der zauberhaften Malerstadt.

ZAUBER DER MALERSTADT

Zunächst erreichen wir den Künstlerort Schwalenberg, der idyllisch unter den Klippen des Burgbergs nestelt, sorgsam beschützt von der **Burg Schwalenberg**. Wir stellen das Wohnmobil am Schwalenberger Markt ab und betreten über die Alte Torstraße einen Traum in Fachwerk, der mit den Reizen der Landschaft von 1890 bis 1920 derart viele Maler des späten Impressionismus, anzog, dass sie eine Kolonie und eine Kunstschule gründeten, Schwalenberg avancierte zur »Malerstadt«. Mit jedem Schritt auf holprigem Pflaster tauchen wir ein in die Welt uriger Fachwerkensembles, aus denen insbesondere das **Rathaus** von 1579 heraussticht. Hinter einem angedeuteten Laubengang liegt ein großer Saal, der dereinst als Markthalle diente. Besondere Beachtung verdienen die typischen Schnitzereien an der Fassade. Fast alle Gebäude der Ortsmitte stammen aus dem späten 16. Jahrhundert. Auffallend die überraschende Häufung an **Brunnen**, die an die technische Meisterleistung von Zisterziensermönchen erinnern. Sie schafften es während des Mittelalters trotz des geringen Gefälles von der Quelle zur Innenstadt, eine Wasserleitung anzulegen. Der Sage rund um das »Stadtwasser«, auch seiner fabelhaften Anmutung, verdankt Schwalenberg die Zugehörigkeit zur »Deutschen Märchenstraße«. Davon und von vielem mehr weiß der Nachtwächter, der allabendlich durch Schwalenberg bummelt.

◀ Das historische Rathaus Schieder-Schwalenbergs ▶ Die schöne Schwalenbergerin

RESTAURANT-CAFÉ ZUR BURG SCHWALENBERG Das Restaurant-Café der 800-jährigen Burg Schwalenberg lockt mit feiner Speisekarte und fantastischer Aussicht über das Malerdorf, hinaus über das Emmertal und in den Teutoburger Wald. Größte Begeisterung löst der hausgemachte Pflaumenkuchen aus, der aus der Phalanx von Muttis stets frisch gebackenen Verführungen an der Kuchentheke herausragt. www.zurburgschwalenberg.com

KUREN AN DER EMMER

Langsam entschwindet Burg Schwalenberg aus den Außenspiegeln, während wir durch die agrarisch geprägte Landschaft nach Schieder fahren, um dort einen Blick auf **Schloss Schieder** und den angrenzenden **Kurpark** zu werfen. Schon zur Zeit Karls des Großen gegründet, genießt der Kneippkurort vor allem hohes Renommee durch den Anfang der 1980er-Jahre angelegten Emmerstausee, besser bekannt als **Schiedersee**, und das umliegende Naherholungsgebiet. Sein praktischer Nutzen galt dem Hochwasserschutz und sorgte dafür, dass der Stadtkern von Lügde, unserem nächsten Ziel emmerabwärts, nicht mehr überflutet wurde. Wanderwege, ausgestattet mit gleich mehreren Aussichtsplattformen, ziehen sich rund um den länglichen, gut drei Kilometer langen See, der vielfache Wassersportmöglichkeiten und einige nette Ausflugslokale zur gepflegten Einkehr bietet. Zudem gibt es einen kleinen Wohnmobilhafen am Campingplatz Schiedersee.

5

PAPIERMÜHLE PLÖGER Über einen Zeitraum von knapp 300 Jahren wurde mit dem Wasser des Niese-Baches in der Papiermühle Plöger Papier geschöpft. Zur Jahrtausendwende wurde das charmante Fachwerkgebäude westlich von Schieder zum Kulturdenkmal und ist nun ein hochinteressantes Museum, in welchem die aufwendigen Arbeitsschritte der Herstellung von Papier und Pappe gezeigt werden. www.papiermuehle-ploeger.de

Naherholungsgebiet und Hochwasserschutz an der Emme: der Schieder-See

5

FACHWERKKLEINOD LÜGDE

Die Gründung **Lügdes** erfolgte vermutlich bereits um das Jahr 775; Stadtrechte erhielt der Ort Mitte des 13. Jahrhunderts, als der Stadtkern seine charakteristische Auslegung in einem System aus drei parallel verlaufenden Straßenzügen bekam, die sich anfangs im spitzen Winkel voneinander entfernen und am Ende über eine Querstraße wieder vereinen. Das Ganze umschloss die weitestgehend erhaltene, als Befestigung angelegte **Stadtmauer** mit Wallgraben und Wehrtürmen. Nach Passieren der historischen **Sankt Kilianskirche** stellen wir das Wohnmobil auf dem Parkplatz an der Ecke Höxterstraße/Prozessionsweg ab, spazieren durch den von Bäumen gesäumten Neuen Wall auf den Innenstadtbereich zu und queren dabei das Obere Tor. Das einstige südliche Portal zur Stadt ist mittels zweier steinerner Säulen angedeutet. Während die eher niedrige Stadtmauer sich nach links und rechts um den Ort schließt, blicken die Häuser keck über den historischen Mauerrand hinweg.

Enten, Reiher und Ausflügler in den Emmerauen von Lügde

◀ Im Heimatmuseum Lügde ▶ Typisches Ambiente eines Ackerbürgerdorfes

Der Brauch der Osterräder, den Lügde seit 2012 stolz als Namenszusatz trägt und der als immaterielles Kulturerbe anerkannt ist, sorgt am Abend des Ostersonntags für rege Betriebsamkeit. Sechs 1,70 Meter hohe Osterräder, mit Stroh ausgestopft, werden brennend vom westlich gelegenen, 285 Meter hohen Osterberg ins Tal der Emmer hinabgerollt. Das Ritual geht auf den verbreiteten Kult der Feuerräder zurück und soll eine gute Ernte begünstigen. www.osterraederlauf.de

Tipp

GESCHICHTE DER ACKERBÜRGER

Mehrfach von Überschwemmungen und Bränden heimgesucht, wurde fast der gesamte Gebäudebestand Lügdes 1797 ein Raub der Flammen. Doch die Bürger bauten die Häuser sogleich und im alten Stil wieder auf, was sich in dem homogenen Stadtbild widerspiegelt. Auffällig sind die ungewöhnlich ausführlichen, geschnitzten Texte über den runden Torportalen an den Giebelfronten der typischen **Ackerbürgerhäuser**. Kein Geringerer als Johann Wolfgang von Goethe hat schon fasziniert einige studiert, als er während seiner Kuraufenthalte in Bad Pyrmont durch die **Emmerauen** gen Lügde wandelte. Die Stadt wirkt tiefenentspannt zwischen dem Brückentorturm an der Emmerbrücke und dem Stadtturm »Im Winkel«, und erinnert rund um den Marktplatz mit dem verspielten **Ziegenbrunnen**, der 2015 angelegt wurde, an die Zeit, als die nur bedingt wohlhabenden Ackerbürger ihre Ziegen in der Stadt hielten und die Tiere tagtäglich auf umliegende Weiden trieben. Über die wechselhafte lokale Historie berichtet anschaulich das **Heimatmuseum**, das auch die lokale Industriegeschichte in Form der Produktion von Klöppelspitzen und Zigarren beleuchtet.

▲ Freizeitspaß auf der Weser ◀ Der Fürst von Corvey, in Stein gemeißelt
▶ Kirche der Abtei Marienmünster

AUF EINEN BLICK

Info

STADT/REGION: Höxter, Schieder-Schwalenberg, Lügde
BESTE REISEZEIT: ganzjährig
OPTIMALE REISEDAUER: 1–3 Tage
TOURIST-INFO: Tourist-Information Höxter, Historisches Rathaus, 37671 Höxter, Tel. 05271/963 42 42, www.hoexter-tourismus.de
Tourist-Information Schieder-Schwalenberg, Marktstraße 5, 32816 Schieder-Schwalenberg, Tel. 05282/601 94, www.tourismus.schieder-schwalenberg.de
Tourist-Information Lügde, Am Markt 1, 32676 Lügde, Tel. 05281/77 08 70, www.luegde.de

SEHENSWÜRDIGKEITEN

UNESCO-WELTERBE CORVEY: 37671 Höxter, Tel. 05271/681 68, www.welterbe-corvey.de
ST. KILIANI-KIRCHE: An der Kilianikirche 1, 37671 Höxter, www.evangelisch-in-hoexter.de
HAUS HORSTKOTTE: Stummrigestraße 19, 37671 Höxter
ADAM UND EVA HAUS: Schnakenstraße 5, 37671 Höxter
KUNSTMUSEUM »FORUM JACOB PINS«: Westerbachstraße 35, 37671 Höxter, www.jacob-pins.de
ST. NIKOLAI-KIRCHE/DECHANEI: Marktstraße 19/21, 37671 Höxter, Tel. 05271/24 14, www.pv-corvey.de
KAROLINGISCHES WESTWERK: Schloss Corvey, 37671 Höxter, Tel. 05271/69 40 10, www.schloss-corvey.de
ABTEI MARIENMÜNSTER: 37696 Marienmünster, Tel. 05276/10 19, www.pastoralverbund-marienmuenster.de
FORUM ABTEI: Abtei Marienmünster 5, 37696 Marienmünster, www.kulturstiftung-marienmuenster.de
BURG SCHWALENBERG: Burg 2, 32816 Schieder-Schwalenberg, www.burg-schwalenberg.de
SCHLOSS SCHIEDER: Im Kurpark 1, 32816 Schieder-Schwalenberg, www.schlosspark-schieder.de
SANKT KILIANSKIRCHE: Steinsweg, 32676 Lügde, www.luegde.de

AUF EINEN BLICK

EMMERAUENPARK: Brückenstraße 18, 32676 Lügde, www.emmerauenpark.de
HEIMATMUSEUM: Hintere Straße 86, 32676 Lügde, www.luegde-heimatmuseum.de

CAMPINGPLATZ WESERCAMPING HÖXTER

ADRESSE: Sportzentrum 4, 37671 Höxter, Tel. 05271/25 89, www.wesercamping-hoexter.de
ANFAHRT: Von der A44 Ausfahrt 65 Warburg auf die B252 bis Brakel, über B64 nach Osten nach Höxter bis Ampel Westerbachstraße, rechts durchs Zentrum und über die Weserbrücke, rechts auf Boffzener Straße Richtung Sportzentrum der Beschilderung folgen, Einfahrt links gegenüber dem Schwimmbad.
GPS: 51.76618, 9.38325
Ebene Anlage am Weserufer, fußläufig zum Zentrum von Höxter, gut zur Hälfte von Dauercampern belegt. 25 Standplätze für Wohnwagen und Wohnmobile zwischen Rezeption und Fußballplatz, 20 weitere im hinteren Bereich, 13 Stellplätze direkt am Ufer, Stromanschluss an fast allen Plätzen. Ver-/Entsorgungsmöglichkeiten vorhanden, zentral gelegene Sanitärbereiche nicht mehr neu, aber in gutem Zustand. Kiosk mit Brötchenservice und Biergarten, E-Bike- und Kanu-Verleih, Verkauf von Angelkarten. Sportanlagen für vielfältige Betätigungsmöglichkeiten. Reservierung im Sommer empfehlenswert.

WOHNMOBILSTELLPLATZ FLOSSPLATZ

ADRESSE: Milchweg, 37671 Höxter, Tel. 05271/25 89, www.wesercamping-hoexter.de
ANFAHRT: Wie beim Wesercamping, hinter der Weserbrücke dann links auf »Im Brückfeld« und der Beschilderung folgen.
GPS: 51.77422, 9.38839
Befestigt, parzelliert und beleuchtet, liegt der für 80 Fahrzeuge ausgelegte Platz direkt gegenüber der Innenstadt, verfügt über Strom, Ver- und Entsorgungsmöglichkeiten und ist weitgehend automatisiert.

▲ Pole-Position am Wesercamping Höxter ◀ Stilvoll wohnen in Godelheim
▶ Automaten-Check-in am Flossplatz

WOHNMOBILHAFEN & CAMPINGPLATZ AM SCHIEDERSEE

ADRESSE: Kronenbruch 3, 32816 Schieder-Schwalenberg, Tel. 05282/411, www.schiedersee.de

ANFAHRT: B83 bis Hameln, nach Weserquerung in Wangelist rechts auf die B1, in Blomberg am Kreiselkunstwerk 2. Ausfahrt auf Königswinkel, geradeaus bis zur Emmer, links auf L886 Detmolder Straße bis Schieder, Hauptstraße südlich des Kurparks auf Keßlerstraße und Pyrmonter Straße folgen, links im Wald zum Freizeitzentrum Kronenbruch.

GPS: 51.92153, 9.16356

Auf der ganzjährig geöffneten, teilweise befestigten Anlage am Ufer des Schiedersees Platz für max. 200 Wohnmobile. Ver- und Entsorgungsmöglichkeiten und Strom vorhanden. April bis Oktober Kiosk mit Brötchenservice, Sanitäranlagen schon etwas älter, aber recht ordentlich. Für Familien mit Kindern lohnt der Besuch des Freizeitparks Funtastico.

IM LEINEBERGLAND

Zwischen Weser und Leine

Märchenhafte Weserbeschaulichkeit am Campingplatz Grohnder Fährhaus

6

Weites, agrarisch geprägtes Land, waldreiche Höhenzüge und manch zauberhaftes Städtchen erwarten uns gemeinsam mit spannenden Kulturschätzen auf unserem Exkurs ostwärts vom Campingplatz am Grohnder Fährhaus bis an die Gestade der Leine, die in gemessenem Abstand zur Weser ihr eigenes kleines, bergiges Reich durchmisst, bevor sie in die Aller mündet, die ihrerseits später bei Verden südlich der Hansestadt Bremen in die Weser fließt.

Gleich vis-à-vis der kombinierten Anlage von Hotel, Restaurant und Campingplatz am Grohnder Fährhaus liegt am anderen Weserufer das Dorf **Grohnde** mit dem Schloss, dessen Ursprünge bis ins Mittelalter zurückreichen und das auf einer inzwischen verlandeten Weserinsel errichtet wurde. Obwohl die typischen Elemente der Weserrenaissance fehlen, bildet es gemeinsam mit seinem umliegenden Park ein stattliches Gebäudeensemble, überragt von einem imposanten Torturm und umgeben von einer Mauer aus regionalem Bruchstein. Die während des Dreißigjährigen Krieges zerstörte Weserbrücke ersetzt seit etwa 1630 eine Fährverbindung, die ab 1931 durch eine der typischen Gierseilfähren betrieben wird. Grohnde besitzt recht zweifelhafte Berühmtheit durch das im Frühjahr 1985 nicht unbedingt zur allgemeinen Begeisterung ans bundesweite Stromnetz angeschlossene Kernkraftwerk, dessen Abschaltung Ende 2021 erfolgte. Die beiden mächtigen Kühltürme bilden nun ein markantes Wahrzeichen im weiten Tal der Weser, ja fast so etwas wie eine idyllische Kulisse, wenn sie sich des Morgens über den zarten Dunst auf dem Wasser erheben und darin spiegeln wie die Schafe, die brav ihre Mäharbeiten auf den Uferwiesen verrichten.

ANFÄNGE DER WESERRENAISSANCE

Wir verlassen den Campingplatz über die hübsche Allee und fahren südwärts durch das Dörfchen **Hajen**, das einstmals ebenfalls durch eine Fähre mit dem anderen Weserufer verbunden war. Das Alte Fährhaus ist nun Ausflugslokal und beliebter Rastplatz für Radler auf dem Weserradweg. Am Abzweig zum Wasser verbirgt sich hinter der groben Mauer aus rotem Bruchstein und unter dem Portal mit dem kleinen Löwenkopf der Gutshof Hajen von 1648 mit seiner unaufgeregten Fachwerkarchitektur.

6

Als nächster Ort folgt Hehlen, das sich zu einem kleinen Teil auch über das rechte Weserufer erstreckt. Gleich links hinter der Brücke liegen die Wirtschaftsgebäude und der Landschaftspark von **Schloss Hehlen**. Erbaut in der Zeit um 1580, ist es eines der ersten Wasserschlösser im typischen Stil der Weserrenaissance. Zwei markante Treppentürme schließen den vierflügeligen, unverputzten Bau an den gegenüberliegenden Ecken ab. Schloss Hehlen erfüllte stets repräsentative Zwecke und befindet sich in Privatbesitz. Im Schlossgarten am Eingang zur Schlosswirtschaft reitet eine stilisierte Figur des Barons von Münchhausen keck auf einer Kanonenkugel und weist dezent darauf hin, dass wir uns nun im Dunstkreis des vermeintlichen Lügenbarons befinden.

SCHLOSSWIRTSCHAFT Im ehemaligen Kälberstall des Gutshofs von Schloss Hehlen liegt mit der Schlosswirtschaft ein kulinarisches Kleinod mit Weserblick. Die moderne, regional und saisonal orientierte Küche ist inspiriert von Anklängen aus dem alpinen Raum – eine echte Versuchung: der Kürbispudding zum Dessert. Auch an der Kuchentheke lockt raffiniertes hausgemachtes Backwerk. www.die-schlosswirtschaft.de

◀ Am Gutshof in Hajen ▶ Das romantische Wasserschloss Hehlen

Die Klosterkirche Kemnade dominiert den hübschen Ortsteil Bodenwerders.

FAKE-NEWS DER ROMANTIK

Im nur wenige Minuten entfernten staatlich anerkannten Erholungsort **Bodenwerder**, seit 2013 auch offiziell »Münchhausenstadt«, erblickte Hieronymus Carl Freiherr von Münchhausen im Mai 1720 das Licht der Welt. Sein Geburtshaus, das ehemalige Herrenhaus des Familienschlosses vom Beginn des 17. Jahrhunderts, ist heute das **Rathaus** der Samtgemeinde Bodenwerder. Direkt nebenan befindet sich mit der Schulenburg eines der vermutlich ältesten Gebäude der Stadt, das gegen 1350 als Wohnturm und Teil der damaligen Stadtbefestigung errichtet worden war. Es beherbergt nun das **Münchhausen-Museum**, das sich neben der Lokalhistorie sehr intensiv mit den Legenden und Geschichten um den Protagonisten auseinandersetzt. Der Freiherr, der die Besucher auch im Eingangsbereich der Schulenburg auf der Kanonenkugel sitzend begrüßt, war zu Lebzeiten so gar nicht amüsiert über die Veröffentlichung seiner Geschichten, die ihn letztlich wenig schmeichelhaft zum »Lügenbaron« machten, und starb 1797 verspottet und verbittert in seinem Heimatort. Er liebte es einfach nur, Geschichten zu erzählen, fabulierte gerne und fantasievoll über seine erdachten Abenteuer, sehr zur Belustigung seines aristokratischen Umfeldes, und baute 1763 eigens dafür am Hopfenberg bei der heutigen **Sommerrodelbahn** von Bodenwerder ein Domizil, das als »Münchhausen-Grotte« bekannt wurde. In der Parkanlage vor Schulenburg und Rathaus erinnern diverse Skulpturen, Figuren und Brunnen an seine Erzählungen … und manch eines der sehenswerten Baudenkmäler im Altstadtkern an seine Zeit.

◀ Der Bismarckturm ▶ Schmaler, aber lohnender Anstieg am Weserbergland-Weg

TÜRME UND AUSSICHTEN

Ein Denkmal im Park, das den Freiherrn sicher begeistert und zu mancherlei hanebüchener Geschichte beseelt hätte, ist die historische »Einhebel-Verbund-Dampfmaschine« mit Generator der AEG aus dem Jahr 1950. Das Technik-Monstrum mit gigantischem Riemenantrieb hat einen Regenschutz bekommen und ließe sich per Münzeinwurf sogar in Betrieb setzen, wenn der Automat denn funktionieren und nicht einfach nur die Münzen schlucken würde. Münchhausen wird mehr als einmal auf dem Eckberg am gegenüberliegenden, steil aufwärtsstrebenden Weserufer gewesen sein und hat die phänomenale Aussicht über Bodenwerder genossen. Uns hilft der 1913 errichtete **Bismarckturm**, der uns aus zusätzlichen 13 Meter Höhe von seiner Plattform ein wundervolles Panorama über den Ort und den weiten Bogen der Oberweser in südlicher Richtung bis hin zur Rühler Schweiz offeriert. Der Aufstieg indes ist schweißtreibend auf steilem, schmalem Pfad, ausgehend von der Unterführung der B240, die das Tal rasant von West nach Ost durchschneidet. Jene ansteigende Passage ist nicht nur Teil der 7. Etappe des Weserbergland-Weges, sondern auch der zweite Höhepunkt der zwölf Kilometer langen **»Zwei-Türme-Tour«**, die uns über die Höhen längs des Lenne-Tals vor der Mündung des Flusses in die Weser führt. Die Königszinne, exakt 50 Jahre älter als der Bismarckturm, ist der erste Aussichtspunkt, den wir auf der Wanderung erreichen und der uns ebenfalls besten Überblick über Stadt und Höhenzüge vermittelt. Als Startpunkt des Rundweges eignet sich der Wanderparkplatz

6

des Dörfchens Buchhagen. Er liegt nahe der **Kulturmühle** unmittelbar an der Lenne und der ehemaligen Bahnstrecke der Vorwohle-Emmerthaler Eisenbahn, die 1967 den Betrieb einstellte. Die alte Bahnstation Buchhagen ist noch genauso präsent wie die Bahntrasse, die einige Zeit als touristische Draisinenstrecke diente und nun über weite Teile als Radweg zwischen Bodenwerder und Eschershausen Verwendung findet. Sie beginnt am Brückenkopf der historischen Bahnbrücke von Bodenwerder über die Weser. Am Weg hinauf zur Königszinne passieren wir einen kleinen Fachwerk-Gutshof, der mit Sandsteinplatten aus der Region gedeckt ist. Eine Technik der Dacheindeckung, auf die wir immer wieder im ganzen Weserbergland treffen.

Tipp

Der niedersächsische Höhenzug mit drei Buchstaben, der Ith, zeichnet sich durch eine ungewöhnlich große Fülle an Felswänden und anspruchsvollen Klettermöglichkeiten aus, die ihn zu einem echten Mekka der Szene machen. Im Ithwerk, dem früheren Heizkraftwerk zwischen Eschershausen und Duingen, unweit des Segelfluggeländes auf den Ithwiesen, besteht die Möglichkeit, künstliche Kletterwände zu erklimmen und erste Schritte im Bergsteigen zu unternehmen. www.ithwerk.de

◀ Kleine Fachwerk-Kapelle in Buchhagen ▶ Sandsteinplatten zur Dacheindeckung

6

GLAS UND VÖGEL

Über bewaldete Höhen und eine kurvenreiche Strecke zwischen Ith und Hils gelangen wir in den Ort **Grünenplan**, der 1749 als Siedlung für die Beschäftigten der Spiegelglashütte in der Talsenke von Glasebach und Grünenplaner Wasser angelegt wurde. Die heutige Firma Schott ist das älteste Werk seiner Art in Niedersachsen. Sein wuchtiges historisches Fabrikgebäude in Gründerzeit-Backsteinarchitektur bildet den signifikanten Kern Grünenplans, überragt noch von zwei hohen Schornsteinen. Einblick in das traditionsreiche und für die Region bedeutende Handwerk und seine bis ins 11. Jahrhundert reichende Geschichte gibt das auf zwei Häuser verteilte **Erich-Mäder-Glasmuseum**. Einen ungewöhnlichen Aspekt bilden in der Ausstellung im Glasmacherhaus an der Kirchtalstraße die Kanarienvögel. Sie begründeten das weltweite Firmenimperium der Tierhandlung Ruhe, die mit dem fahrenden Vogelhändler Ludwig Ruhe um 1840 ihren Anfang nahm. Aus dem Export gezüchteter, insbesondere für den Bergbau und das Glashüttenwesen unabdingbarer Vögel, auch als »Harzer Roller« bekannt, entwickelte sich in dem kleinen, als Glasmacherort bekannten Städtchen ein unglaublicher globaler Handel mit exotischen Tieren mit Dependancen in Lima, New York oder London, der erst 1993 endete.

◀ Glaskunst in Grünenplan ▶ Grünenplaner Glasmuseum und Info-Zentrum

◀ Am Leine-Kraftwerk in Freden ▲ Erinnerung an Bergbauzeiten
▼ Die Leinebrücke in Freden

AM LEINE-UFER

In **Freden** haben wir an der markanten Stahlträgerbrücke endlich auch die Leine erreicht, die uns einen Blick auf den Fluss und das alte Wasserkraftwerk mit Stauwehr erlaubt, an dem das Wasser geräuschvoll auf sich aufmerksam macht. Den etwas höher gelegenen Ortskern Fredens dominiert die St. Georg Kirche mit ihrem kantigen spätmittelalterlichen Bruchsteinturm, der aufgrund der kleinen Fensteröffnungen darauf hindeutet, dass der Sakralbau ehedem als Wehrkirche fungierte. Die historische **Zehntscheune** im Schatten St. Georgs erfreut sich überregionaler Beliebtheit für ihre facettenreichen Kulturveranstaltungen.
Zwischen den Höhenzügen der Selterklippen und des Sackwaldes locken viele Wander- und Spazierwege zu entspannten Ausflügen. Einer davon startet und endet an der Zehntscheune und führt gut beschildert auf der rechten Leine-Seite durch Klein-Freden über den Mittelberg und das Dörfchen Winzenburg bis zur mystischen **Apenteichquelle**. Sie war schon in der Bronzezeit bekannt, und das Quellwasser ist auch heute noch trinkbar. Vorbei an den Mauerresten des Bergfrieds der Winzenburg aus dem 11. Jahrhundert, die auf einem Felsvorsprung thront, gelangen wir durch die Wälder an Sauberg und Eichberg nach 12,6 Kilometern zurück zum Ausgangspunkt oberhalb des linken Leine-Ufers. Falls noch Zeit ist, lohnt auch ein Blick in das Heimatmuseum an der Bergstraße.

Zur Klosteranalge von Lamspringe gehören auch verschiedene Wasserflächen.

AUF DEN SPUREN DER KLOSTERFRAUEN

Lamspringe stellt den östlichsten Punkt unseres Ausflugs aus dem Weserbergischen dar. Den Ort dominieren die weitläufige **Klosteranlage** der Benediktinerinnen aus karolingischer Zeit und der zugehörige Gutshof; die heutige Abtei stammt in ihrem Erscheinungsbild aus dem frühen 18. Jahrhundert. Ihr riesiger Klosterpark lädt zum ausgiebigen Lustwandeln ein. Neben der historischen Klostermühle aus dem 18. Jahrhundert, die die Abtei mit Mehl versorgte und heute als Touristeninformation die Reisenden mit allerlei Wissenswertem, sind einige beeindruckende Baumspezies zu bewundern, auch verträumte Teiche und kleine Bachläufe, und Boule sowie Minigolf locken zu spielerischen Aktivitäten. Die skulpturalen Kunstwerke schließlich, Relikte eines Bildhauersymposiums von 1984, bilden längst eine gewachsene Einheit im gefälligen Parkambiente. Hübsche Fachwerkhäuser reihen sich in erstaunlicher Eintracht entlang der breit angelegten Hauptstraße Lamspringes, dem einst bedeutenden Handelsweg der alten Heerstraße. In einem weiten Bogen Richtung Westen durch die landwirtschaftlich geprägte Region kommen wir nach Alfeld, der Stadt zwischen den sieben Bergen.

6

SCHNARCH-MUSEUM Zu den ungewöhnlichsten Museen des Landes zählt zweifelsohne das Schnarch-Museum von Alfeld-Langenholzen. Es beschäftigt sich intensiv in Dokumenten und zahlreichen Exponaten mit den Ideen und teils mehr als skurrilen Einfällen, die sich die Menschheit über die Jahrtausende ausgedacht hat, um einen geräuschlosen Schlaf zu gewährleisten. www.schnarchmuseum.de

INDUSTRIEKULTUR

Der Bauhausgründer Walter Gropius realisierte in **Alfeld** 1911 mit dem **Fagus-Werk** den Aufbruch in die Moderne der Industrie-Architektur. Seine revolutionären Ideen, die insbesondere den Einsatz und die Nutzung von Licht in den Fertigungsstätten und klaren baulichen Strukturen beinhalteten, versetzen den Besucher noch immer in Erstaunen und begründen zudem die Ernennung zum UNESCO-Welterbe, die exakt 100 Jahre nach Eröffnung der Anlage erfolgte. Damals wie heute stellt Fagus Schuhleis-

◀ Das Fagus-Werk von Gropius ▶ Schuhleisten aus Buchenholz im Fagus-Museum

6

ten her, ergänzt in jüngerer Zeit durch Mess- und Brandschutzsysteme. Bei einer Führung durch das Werk erfährt man interessante Fakten über die Herstellungsweise von Schuhleisten. Heute in Hightech-Verfahren aus Kunststoff gefertigt, beeindrucken umso mehr die mehr als 30 000 originalen Buchenholzmodelle im Modellkeller. Gropius-Ausstellung, Fagus-Galerie und UNESCO-Besucherzentrum runden die reichhaltigen Ausstellungsbereiche ab.

Im Gegensatz zu Gropius' klarer Linienführung steht die ehemalige **Lateinschule** im Herzen Alfelds. Eine schier überbordende Symphonie an Schnitzkunst und verschwenderischen, mithin symbolträchtigen Schnörkeln prägen das heutige Stadtmuseum, ein Fachwerk-Meisterwerk der Renaissance. Auch ohne Zugang zum Symbolismus der oft figürlichen Darstellungen, die sich mit humanistischen Inhalten der Zeit um 1610 beschäftigen,

◀ Schnitzkunst am Stadtmuseum ▶ Fachwerkpracht: die alte Alfelder Lateinschule

Die Alfelder Marktstraße gleicht einem schmuckvollen Fachwerk-Boulevard

lohnt eine intensivere Betrachtung des filigranen Detailreichtums. Der Altstadtkern rund um die doppeltürmige **St. Nicolai-Kirche**, die auf das frühe 13. Jahrhundert zurückgeht, präsentiert eine Vielzahl sehenswerter Fachwerkhäuser. Sie stammen aber überwiegend aus dem 19. Jahrhundert, aus der Zeit nach zerstörerischen Feuersbrünsten. Nicht so das stattliche **Rathaus**; es wurde 1586 im Stil der Weserrenaissance erbaut und steht in aller Erhabenheit über dem Kopfsteinpflaster des Marktplatzes. Und auch über der etwas merkwürdigen und nicht minder symbolträchtigen Bronzeskulptur »Die Zeit und ihre Geister« des Bildhauers Jürgen Goertz vor der Stadtkämmerei, die 1995 eingeweiht wurde.

DÖRFER IM LEINE-TAL

Leineabwärts erreichen wir das Städtchen **Gronau**, das Ende des 13. Jahrhunderts planmäßig, begrenzt durch die Mühlengräben des Flusses, angelegt wurde. Teile der Stadtmauer sind noch erhalten, herausragend dabei der Schiefe Turm am Südwall. Fachwerk prägt auch hier das Zentrum um die **St. Matthäi-Kirche** von 1457. Wir folgen den Leine-Auen und kommen ins schon vor der Karolingerzeit gegründete **Elze**, wo die Saale in die Leine mündet. Zuvor jedoch passiert sie das romantische Idyll um das örtliche **Heimatmuseum** in der früheren Untermühle. Neben der Bewahrung der regionalen Historie hat sie sich als »Hochzeitsmühle« einen Namen machen

◀ Heimatmuseum von Elze an der Saale ▲ Marktplatz und Hauptstraße in Gronau ▼ Münchhausen im Park von Schloss Hehlen

können. Heiratswillige haben hier die Qual der Wahl, denn die Aussicht von der **Wittenburger Klosterkirche** aus dem Jahr 1487 über die Weite des Leinetals vom kleinsten Ort im Elzer Gemeindegebiet ist durchaus eines solchen besonderen Ereignisses würdig. Der Sakralbau überzeugt nicht nur durch eine hervorragende Akustik, sondern dient auch als Veranstaltungsort während des »Wittenburger Kultursommers«. Auf dem Weg zurück nach Grohnde machen wir noch einen Abstecher nach Duingen. In dem kleinen Ort unterhalb des Aussichtspunktes **»Leineberglandbalkon«** – er erlaubt bei gutem Wetter ein Panorama über die sieben Berge hinaus bis zur Landeshauptstadt Hannover – dreht sich schon seit Jahrhunderten alles um die Töpferei, was dem Ort den Kosenamen »Pottland« einbrachte. Über die 41 Topfbrenner, 38 Werkstätten und 18 Händler des Jahres 1689 informiert kenntnisreich das örtliche **Töpfermuseum**.

AUF EINEN BLICK

Info

STADT/REGION: Leinebergland
BESTE REISEZEIT: ganzjährig
OPTIMALE REISEDAUER: 1–3 Tage
TOURIST-INFO:
www.leinebergland-tourismus.de

SEHENSWÜRDIGKEITEN

SCHLOSS GROHNDE: Weserstraße 20, 31860 Emmerthal, GPS: 52.01840, 09.42194

SCHLOSS HEHLEN: Gerberfahrt 3, 37619 Hehlen, GPS: 51.98763, 9.47493

MÜNCHHAUSEN-MUSEUM: Münchhausenplatz 1, 37619 Bodenwerder, Tel. 05533/40 91 47, www.muenchhausen-museum-bodenwerder.de

SOMMERRODELBAHN BODENWERDER: Grüne Schleite, 37619 Bodenwerder, Tel. 05533/93 48 00, www.rodelpark.de

BISMARCKTURM BODENWERDER: www.bismarcktuerme.net/bodenwerder, GPS: 51.98545, 9.52196

ZWEI-TÜRME-TOUR: www.solling-vogler-region.de

KULTURMÜHLE BUCHHAGEN: Buchhagen 4, 37619 Bodenwerder, Tel. 01523/426 96 34, www.buchhagen.org

ERICH-MÄDER-GLASMUSEUM: Am Park 2, 31073 Delligsen, Tel. 05187/64 15 30, www.delligsen.de

ZEHNTSCHEUNE FREDEN: Bergstraße 11, 31084 Freden, Tel. 05184/14 68, www.zehntscheunefreden.de

KLOSTERANLAGE LAMSPRINGE: Kloster 3, 31195 Lamspringe, Tel. 05183/50 00, www.lamspringe.de

FAGUS-WERK ALFELD: Hannoversche Straße 58, 31061 Alfeld, Tel. 05181/790, www.fagus-werk.com

LATEINSCHULE/STADTMUSEUM: Am Kirchhof 4/5, 31061 Alfeld, Tel. 05181/807 08 20, www.alfeld.de

HEIMATMUSEUM ELZE: Mühlenstraße 14, 31008 Elze, Tel. 05068/572 03, www.elze.de

WITTENBURGER KLOSTERKIRCHE: Kreutzkamp, 31008 Elze, Tel. 05068/87 64, www.wittenburgerkirche.de

AUF EINEN BLICK

LEINEBERGLANDBALKON: 31093 Duingen, www.heimatvereinkuelftal.de, GPS: 52.02072, 9.70646
TÖPFERMUSEUM DUINGEN: Töpferstraße 8, 31089 Duingen, Tel. 0170/706 92 19, www.toepfermuseum-duingen.de

CAMPINGPLATZ GROHNDER FÄHRHAUS

ADRESSE: Grohnder Fähre 1, 31860 Emmerthal, Tel. 05155/34 79 83, www.grohnder-faehrhaus-camping.de
ANFAHRT: B83 bis Hameln, in der Stadt auf dem Ring rechts weiter auf B83 Richtung Emmerthal, dritte Möglichkeit Emmerthal-Süd/ Kirchohsen nach links die Berliner Straße nehmen, nach der Weserbrücke rechts auf Hagenohser Straße, durch Latferde auf Hajener Straße, rechts Beschilderung zum Grohnder Fährhaus folgen.
GPS: 52.01850, 9.42639
Modern ausgestatteter Platz am Weserufer mit allen Annehmlichkeiten. Diverse Stellplatzbereiche: zwölf am Ufer mit Blick über Zeltwiese und Slipanlage auf den Fluss, durch Hecken und Zäune separiert im Bereich der Dauercamper sowie im Wohnmobilhafen mit 32 Plätzen, zu jeder Tageszeit anfahrbar. Aus- und Einfahrt sowie Gebühren über Kassenautomat. Moderner Sanitärbereich und Brötchenservice. Wellness-Bereich des Hotels kann gegen Gebühr genutzt werden, ebenso Gastronomie, Biergarten oder das Frühstücksbuffet mit Weserblick. Fahrradverleih – der Weserradweg führt direkt am Platz vorbei.

◀ Im Töpferdorf Duingen ▶ Entspannt campen am Grohnder Fährhaus

Abendlicher Blick auf Schloss Grohnde vom Campingplatz am Fährhaus

WOHNMOBILSTELLPLATZ BODENWERDER

ADRESSE: Am Mühlentor, 37619 Bodenwerder, Tel. 0176/80 06 73 95, www.muenchhausenland.de

ANFAHRT: Wie beim Grohnder Fährhaus, durch Emmerthal bis Bodenwerder, Kreuzung beim Gewerbegebiet links auf Hamelner Straße Richtung Stadtmitte, am Festungsturm Mühlentor links.

GPS: 51.98076, 9.51859

Schöner, ruhig gelegener Platz für max. 62 Fahrzeuge, 18 davon direkt an der Weser. Strom für knapp die Hälfte verfügbar. Anmeldung am Kiosk (Brötchenservice), Gebühren per Automat, ordentlicher Sanitärbereich, Ver-/Entsorgungsmöglichkeiten, Gastronomie in der Nähe.

WOHNMOBILSTELLPLATZ LAMSPRINGE

ADRESSE: Am Bahnhof 9, 31195 Lamspringe

ANFAHRT: A7 bis Ausfahrt 66 Rhüden/Hart, links auf die B82 bis Rhüden, links auf die B243 und gleich rechts auf Katelnburgstraße durch den Ort, rechts auf Wilhelm-Busch-Straße und weiter Lamspringer Straße L466 bis Lamspringe, dort links auf Hauptstraße, geradeaus über Kreisel auf Hindenburgstraße, 2. links, am Bahnhof bis Ende.

GPS: 51.95341, 10.00674

Ganz neuer Platz, Strom und Wasser gegen Gebühr.

ÖSTLICHES WESERBERGLAND

Vom Deister bis Hameln

Rollende Hügellandschaft zwischen Weser und Deister

7

Manch wundersame Begebenheiten sollen sich in der lieblichen, sanft hügeligen Landschaft des östlichen Weserberglandes, begrenzt durch den Höhenzug des Deister, zugetragen haben, historisch belegbar sind sie zumeist nicht. Doch die Mystik ihrer Aura begegnet uns auf Schritt und Tritt beim Erkunden der Orte zwischen Feldern, Wäldern und Wiesen, beim Entdecken traditionsreicher Vergangenheit und erstaunlicher Gegenwart.

ZUM TANZ MIT DEM ZAREN

Als Ausgangspunkt dient uns die Anlage des Rattenfängerplatzes am Ith am westlichen Ortsrand des Städtchens Coppenbrügge. In der schon über 1000-jährigen Geschichte durchlebte der Ort Höhen und Tiefen, die insbesondere durch stetiges Machtgezerre zwischen konkurrierenden Grafengeschlechtern ausgelöst wurden. Als herausragendes Ereignis gilt der Besuch des Zaren Peter der Große im August 1697 mit den Kurfürstinnen von Hannover und Brandenburg im Gefolge. Die Adeligen, die auf Schloss Coppenbrügge einen Zwischenstopp einlegten auf dem Weg nach Amsterdam, ließen es ordentlich krachen mit reichlich Speis und Trank, Musik und Tanz, was zu einem politischen Umbruch in Europa beigetragen hat und als »Damenfrieden von Coppenbrügge« in die Geschichte einging, nimmt einen bedeutenden Teil des Ausstellungsbereiches des Museums im Kanzleigebäude im Hof der heutigen, größtenteils in Ruinen liegenden Burg Coppenbrügge ein. Das imposante Fachwerkhaus stammt vom Beginn des 19. Jahrhunderts, während die Burganlage selbst, einst umgeben von einem breiten Wassergraben, um 1300 errichtet wurde. Im Burgcafé mit Terrasse im Innenhof und im urigen Gewölbekeller lohnt die Einkehr. Auf dem Burgwall räkelt sich der skurril verzweigte, mithin mächtige Lindenbaum, der bereits 700 Jahre alt sein soll und als »Peterlinde« verehrt wird.

Tipp

Sagen und Erzählungen umspannen das Weserbergland in unterschiedlichster Form, als Märchen, als Fabel, als Legende. Allein das Gebiet des Ith um Coppenbrügge umfasst eine große Menge an Überlieferungen, denen man auf ausgewählten Erlebniswanderungen begegnen kann, die aber auch als Podcasts online zum Hörgenuss werden. www.ith-sagen.de/podcasts

7

SALZ UND WASSER

Weiter südwärts gilt der Flecken – und seit 1986 anerkannte »Kurort mit Solekurbetrieb« – **Salzhemmendorf**, 1022 erstmals urkundlich erwähnt, als Dorado für Naturliebhaber, die sich an großartigen Landschaftseindrücken ebenso erfreuen können wie an regionaler Geschichte, die eng mit den örtlichen Salzquellen verbunden ist. Glaubt man der Sage, so waren es Ziegen, die zu Beginn des Mittelalters die sprudelnden salzhaltigen Quellen entdeckten. Letztlich dürfte das aber allen Beteiligten egal sein, denn die Salzgewinnung sorgte für eine gewisse wirtschaftliche Größe. Die örtliche Saline musste 1872 geschlossen werden, an ihre Stelle trat das Kurhaus, das den bereits 1854 begonnenen heilwirksamen Badebetrieb in geordnete Bahnen führte. Die heutige **Ith-Sole-Therme** verfügt damit über eine historische Grundlage, erfreut sich großer Beliebtheit, auch wegen des raren salzhaltigen Wassers mit dem hohen Gehalt an Schwefelwasserstoff. Demgegenüber ist das Wasser des **»Wasserbaums«** von Ockensen extrem kalkhaltig. Seine Anmutung prädestiniert den stetig sprudelnden Stamm zum Protagonisten fantasievoller Fabeln, doch seine wahre Geschichte ist eher nüchtern, handelt es sich dabei schlicht um ein profanes

◀ Der einzigartige Wasserbaum von Ockensen ▶ Sommerwolken über dem Ith

Historische Ackergeräte sind Schwerpunkt des Landwirtschaftsmuseums Börry.

hölzernes Überlaufventil zwischen zwei Mühlteichen, das der Sägemüller Meyer 1904 installierte und ihm signalisierte, ob genügend Wasserdruck zum Betrieb der Turbinen verfügbar war. Über die Jahrzehnte lagerte sich Kalk ab, auf dem Moose siedelten und das jetzige Aussehen, einer riesigen Tropfkerze nicht unähnlich, mitprägten.

TRECKERSPUREN

Bei Lauenstein überqueren wir den Ith auf kurvenreicher Strecke nach Westen und erreichen bald die 1004 gegründete Ortschaft Börry, die zur links der Weser gelegenen Gemeinde Emmerthal gehört. Am westlichen Dorfrand lädt uns das **Freilichtmuseum für Landtechnik und Landarbeit** zum Besuch. Es entstand um 1990 aus mehreren landwirtschaftlichen Gebäuden, der romanischen Dorfkirche sowie dem Pfarrhaus von Niederbörry. Das sehr sehenswerte kleine Museumsdorf vermittelt in seinen Exponaten anschaulich die technische Entwicklung in der Landwirtschaft, die besonders bei den ausgestellten Traktoren bis in die 1950er-Jahre erkennbar ist. Daneben gibt das Wohnhaus, das Grave-Haus von 1818, Einblicke in das häusliche Leben auf dem Land im frühen 20. Jahrhundert, von der Hausschlachtung über die Butterherstellung bis zur Waschküche, und die restaurierte Dorfschmiede in ein beschwerliches Handwerk. Bei diversen Veranstaltungen während des Jahres kommen Esse und Hufschmied zu ihrem heißen Einsatz.

◀ Alte Marktstraße in Hameln ▶ Hamelner Wappentiere in aller Vielfalt

Tipp

Die Herstellung von Glas besitzt im Weserbergland eine große Tradition. Im Hamelner Pulverturm haben wir die Möglichkeit, bei der täglichen halbstündigen Glasbläsershow nicht nur der handwerklichen Glasbläserei hautnah beizuwohnen, sondern wir können uns sogar im Anschluss unter Anleitung selbst der Herausforderung stellen und eine Glaskugel blasen. www.glasblaeserei-hameln.de

HAMELNER GESCHICHTEN

Größte und bekannteste Stadt des Weserberglandes, gleichsam sein Zentrum, ist **Hameln**, das wir nach kurzer Fahrt erreichen und das durch die Rattenfänger-Sage weltweite Berühmtheit genießt. Entsprechend ist die Ratte entgegen ihrem allgemeinen Image als unerwünschtes, ja verhasstes Haustier im Stadtbild ebenso omnipräsent, natürlich verniedlicht, wie ihr bunt gekleideter Bezwinger, der dem ungeliebten Nager anno 1284 die Flötentöne beibrachte und die Plagegeister in den Fluten der Weser versenkte. Um seinen Lohn von den Stadtvätern, seinen Auftraggebern, geprellt, kehrte der Mann, nun als Jäger gekleidet, zurück und entführte mittels seiner musischen Fähigkeiten die Kinder Hamelns. Der letzte Teil der von den Brüdern Grimm später publizierten Geschichte scheint authentisch, sofern man der nur schwer zu entziffernden Inschrift an der Westseite des **Rattenfängerhauses** an der Bungelosenstraße glauben darf, in der vom Auszug der Kinder die Rede ist. Da Ratten nach wissenschaftlichen Erkenntnissen nicht wirklich auf Pfeifen reagieren, gehört dies wohl in den Bereich der Fabel. Legende und Kindesentführung wurden letztlich zu einer einzigen Geschichte verquickt.

7

Betritt man die weite Fläche an Pferdemarkt und Ritterstraße mit der **Stadtkirche St. Nicolai** und dem **Hochzeitshaus**, dann fällt sofort die breite Treppe dazwischen auf. Darüber erhebt sich eine Bühne, auf der sonntagmittags im Sommer unter reger Publikumsbeteiligung des Rattenfängers Erzählung dargeboten wird. Die eigentlich grausamen, nun aber romantisch verklärten Geschehnisse bestimmen somit einen Teil der kulturellen Identität Hamelns, sind gar 2014 als immaterielles Kulturerbe anerkannt worden. So verwundert es dann auch nicht, dass man den Protagonisten, sei es als Schauspieler, als kunstvolle Skulptur oder grafisch stilisiert, immer wieder beim Bummel durch die Stadt begegnet. Dieser kann gerne am Hochzeitshaus beginnen, das als letztes fertiggestelltes Gebäude Hamelns aus der Ära der Weserrenaissance gilt, die mit dem Beginn des Dreißigjährigen Krieges ihr jähes Ende fand. Am Westgiebel des prachtvollen Repräsentativbaus aus Süntel-Sandstein verzückt täglich gleich mehrmals (13.05 Uhr, 15.35 Uhr, 17.35 Uhr) das Rattenfänger-Figurenspiel, wenn Figuren-Miniaturen unter musikalischer Begleitung die Rattenfänger-Erzählung nachstellen. Morgens um 9.35 Uhr ertönt zudem vom Glockenspiel das Weserlied, um 11.35 Uhr das Rattenfänger-Lied.

Immer wieder sonntags: der Auftritt des Rattenfängers auf der Bühne vor St. Nicolai

7

GRIMSEHLS HANDWERK Modern, kreativ und unbedingt regional präsentiert sich die Küche von Grimsehls Handwerk in der Bäckerstraße mit einer kleinen, aber sehr feinen Speisekarte. Absolut empfehlenswert ist das Acht-Gang-Tasting-Menü, das jeweils am letzten Donnerstag im Monat angeboten wird und Bekanntes wie Neues kredenzt. Eine Reservierung ist unbedingt erforderlich. www.grimsehlshandwerk.de

LEBHAFTES FREILICHTMUSEUM

Die Weserrenaissance kommt in den wunderbar restaurierten Fachwerkhäusern gerade hier an der Osterstraße ganz hervorragend zum Ausdruck. Gleich zur Linken liegt auf dem Weg das **Stiftsherrenhaus** von 1558, das über und über mit figürlichen Darstellungen und verschwenderischer Ornamentik versehen ist. Im Erdgeschoss befindet sich das populäre Museumscafé, in den oberen Stockwerken sind die Ausstellungsbereiche des **Museums Hameln**, das in der Hauptsache im benachbarten **Leisthaus**

◀ Die Neugierige ▶ Kunstvolle Figuren am Leisthaus

Den ganzen Prunk der Renaissance vereinen das Leisthaus und das Stiftsherrenhaus.

angesiedelt ist. Fertiggestellt 1589, buhlt es mit seiner prächtigen Fassade und den reichhaltigen feinen Details, meist noch im Original erhalten, um den Titel als schönstes Haus dieser Stilepoche. Vor dem Haus feixt keck »die Neugierige«. Seit 1984 schickt sich die charmante Skulptur an, zumindest ein wenig am Rattenfänger-Nimbus zu nagen, denn sie ist bei den Touristen populär für die unvermeidlichen Selfies vor den tollen Fassaden und weist dezent auch auf den möglichen Museumsbesuch hin. Nur wenige Meter weiter stehen wir dann vor dem **Neuen Rattenfängerbrunnen**, der 1998 aufgestellt wurde, und sind nicht mehr weit vom Rattenfängerhaus entfernt. Über die schmale Bungelosenstraße, auf der seit den tragischen Geschehnissen keine Musik mehr gestattet ist, gelangen wir zur Neuen und Alten Marktstraße. Nicht mehr als Fußgängerzone ausgewiesen, gibt es hier etwas weniger touristischen Betrieb, sind die Hausfassaden nicht mehr ganz so opulent. Gleichwohl umgibt uns eine fast geschlossene Bausubstanz aus mehr als ansehnlichen kleineren und größeren, manchmal auch schiefen Fachwerkhäusern, die jedoch in keiner Weise Charakterzüge eines Freilichtmuseums tragen, sondern durchaus lebendig sind, mit kleinen Ladenlokalen und vielfältiger Gastronomie.

◀ Der Hamelner Münster St. Bonifatius ▶ In der Sakristei des Münsters

DIE MISCHUNG MACHT'S

Bei der **Kurie Jerusalem** begegnen wir gotischem, mit Backstein ausgemauertem Fachwerk am ehemaligen Speicher von 1500, der als Begegnungsstätte genutzt wird. Wir passieren die Bäckerstraße, die schnurstracks auf den Pferdemarkt zuläuft und wieder mit etwas prächtigeren Fassaden glänzt. Einmal mehr zeigt sich daran die einstmals große Bedeutung Hamelns als Hafen- und Handelsstadt, was auch den Beitritt zum Verbund der Hanse 1426 erklärt. Zunächst gehen wir aber weiter geradeaus zum ältesten Sakralbau der Stadt, dem **Münster St. Bonifatius**. Die erkennbaren unterschiedlichen Baustile deuten auf eine wechselvolle Geschichte der Kirche hin, deren Keimzelle in der Krypta liegt, die um 800 zum ursprünglichen Kirchenbau gehörte. Romanik, Gotik und Barock bilden dennoch ein recht imposantes Ensemble, das in der Mitte des 19. Jahrhunderts durch allerlei artfremde Nutzungen zu verfallen drohte, aber letztlich gerettet werden und 1875 in neuem Glanz erstrahlen konnte.

Tipp

Zu den Freizeittrends des 21. Jahrhunderts zählen fraglos die Escape Rooms, die an den unterschiedlichsten Standorten angeboten werden. So auch im Gewölbekeller des Hamelner Münsters, der ein besonders authentisches Erlebnis im Rahmen einer ebenso rätselhaften wie geheimnisvollen einstündigen Zeitreise verspricht. www.escapeandmore.de

7

AUSSICHTEN

Vom Münster aus ist die Weser nicht mehr weit, die sich am Weserfall recht geräuschvoll bemerkbar macht. Eine Schleuse reguliert hier die Schifffahrt auf der Oberweser seit 1733. Sie wurde auf dem **Werder**, der Insel im Fluss, eingerichtet. Das Eiland verfügt über einen hübschen kleinen Park mit Restaurant und Biergarten, die man über die Rattenbrücke erreicht. Auf dem höchsten Punkt des blauen Brückenbogens thront frech sein Namensgeber, ein überdimensionaler goldener Nager. Der Übergang bietet einen schönen Blick über die Weser und auf die Stadt, wobei das massive Gebäude der **Pfortmühle** dominiert. Sie ist die letzte der einst zahlreichen Wesermühlen, stammt vom Ende des 19. Jahrhunderts und beherbergt nun Stadtbücherei, Kulturbüro und Stadtarchiv sowie ein Restaurant. Durch die kleinen Gassen um die Fischpforten- und die Kupferschmiedestraße kehren wir, vorbei an weiteren beeindruckend filigranen Fachwerkhäusern, zurück zum Pferdemarkt und zu St. Nicolai. Falls noch Zeit ist, lohnt der Aufstieg (gegen geringe Gebühr) auf den Kirchturm unter dem grünen Spitzdach. Es wird auf den hölzernen Stiegen nach oben hin recht eng, aber die Aussicht über die Ziegeldächer, die Plätze und Gassen ist schon fantastisch.

Geradezu lieblich: die Ratte auf der filigranen Brücke hinüber zum Werderpark

7

HEILQUELLENVIELFALT

Bevor es für uns zurückgeht zum Rattenfängerplatz, machen wir noch über die B217 und B442 einen Abstecher in den Kurort **Bad Münder**, wo schon um das Jahr 1000 Mönche aus den Klöstern der Umgebung die Wirkung der heilenden Quellen zu schätzen wussten. Gleich derer vier liegen hier dicht beieinander, und Bitterwasser, Eisen, Schwefel und Sole sind noch heute wichtiger Bestandteil im heilsamen Ausschank des Kurmittelhauses von Bad Münder, das seit 1936 das Bad im Namen führen darf. Die Gewinnung von Salz hatte zudem große wirtschaftliche Bedeutung und war prägend für die Stadtentwicklung. Dementsprechend wurde den Söltjern, den Arbeitern in den Salinen, in der Marktstraße beim Rathaus eine eigene Brunnenanlage gewidmet. Den Innenstadtbereich Bad Münders, überragt vom Turm der St. Petri-Kirche von 1528, dominieren zahlreiche Fachwerkhäuser und einige Gebäude der Weserrenaissance, etwa das **»Kornhus«** mit seinem beliebten Restaurant.

Die St. Petri-Kirche im Herzen Bad Münders wird 2028 ein halbes Jahrtausend alt.

Das Gradierwerk im Kurpark von Bad Münder stammt erst von 1999.

Tipp

»Das weiße Gold« ist Inhalt des 90-minütigen Stadtrundgangs durch Bad Münder unter Leitung eines authentisch in historischem Gewand gekleideten Salzsieders. Anekdoten- und kenntnisreich erzählt er aus der Stadtgeschichte und natürlich von der Salzgewinnung, die das Schicksal Bad Münders nachhaltig prägte. www.oestliches-weserbergland.de/bad-muender

Während die Ära der Salzgewinnung in Bad Münder mit der Aufgabe des letzten **Gradierwerkes** im Jahr 1925 endete, gibt es seit 1999 wieder ein solches, errichtet im historischen Stil im unteren Kurpark. Die Aerosole aus dem salzhaltigen Wasser, das in stetem Fluss über Schwarzdornzweige läuft, wirken schützend und heilend auf die Atemwege. In der Parkanlage finden sich neben einem Kunstweg mit ungewöhnlichen Glasskulpturen und einem Wassertretbecken auch einige Exemplare der **Süntel-Buchen**. Diese sonderbare Variante der Rotbuche zeichnet sich durch einen besonderen, niedrigen Wuchs mit verdrehtem und in sich verwachsenen Ästen aus, die dem Baum eine glockenförmige Krone verleihen. Auch die Bearbeitung von Holz spielte in der Region um Bad Münder traditionell eine große Rolle, wie in den weitläufigen Ausstellungsräumen des **Deutschen Stuhlmuseums Eimbeckhausen** zum Ausdruck kommt, die sich in der ehemaligen Stuhlfabrik ausschließlich um hölzerne Sitzmöbel drehen. Im Deister-Süntel-Tal wurden nach 1950 gut 22 000 Stühle am Tag produziert.

AUF EINEN BLICK

Info

STADT/REGION: Östliches Weserbergland
BESTE REISEZEIT: ganzjährig
OPTIMALE REISEDAUER: 1–3 Tage
TOURIST-INFO: GeTour GmbH, Hannoversche Straße 14a, 31848 Bad Münder, Tel. 05042/92 98 04, www.oestliches-weserbergland.de
Hameln Marketing & Tourismus, Deisterallee 1, 31785 Hameln, Tel. 05151/95 78 23, www.hameln.de

SEHENSWÜRDIGKEITEN

BURG COPPENBRÜGGE: Schlossstraße 1, 31863 Coppenbrügge, Tel. 05156/86 23, www.museum-coppenbruegge.de
ITH-SOLE-THERME: In der Saale-Aue 2–5, 31020 Salzhemmendorf, Tel. 05153/80 30 50, www.ther.me
FREIZEITPARK RASTI-LAND: Quanthofer Straße 9, 31020 Salzhemmendorf, Tel. 05153/940 70, www.rasti-land.de
WASSERBAUM: Zum Wasserbaum 55, 31020 Salzhemmendorf, GPS: 52.02303, 9.59286
FREILICHTMUSEUM FÜR LANDTECHNIK UND LANDARBEIT: Niederbörry 24, 31860 Emmerthal, Tel. 05155/691 14, www.museum-landtechnik.de
RATTENFÄNGERHAUS: Osterstraße 23, 31785 Hameln
STADTKIRCHE ST. NICOLAI: Emmernstraße 6, 31785 Hameln, Tel. 05151/106 74 70, www.marktkirche-hameln.de
STIFTSHERRENHAUS: Osterstraße 8, 31785 Hameln
MUSEUM HAMELN: Osterstraße 8–9, 31785 Hameln, Tel. 05151/202 12 15, www.museumhameln.de
MÜNSTER ST. BONIFATIUS: Münsterkirchhof 7, 31785 Hameln, Tel. 05151/407 90 77 www.muenster-hameln.de
KORNHUS: Marktstraße 13, 31848 Bad Münder, Tel. 05042/506 59 70, www.kornhus-bad-muender.de
DEUTSCHES STUHLMUSEUM EIMBECKHAUSEN: Fritz-Hahne-Straße 6, 31848 Bad Münder, Tel. 05042/52 70 84, www.stuhlmuseum.de

◀ Auf dem Rattenfängerplatz ▶ Geschichtsträchtig: Burg Coppenbrügge

CAMPING RATTENFÄNGERPLATZES AM ITH

ADRESSE: Felsenkeller 9A, 31863 Coppenbrügge, Tel. 05156/78 02 34, www.rattenfaengerplatz.de

ANFAHRT: Von der A2 über B83 bis Hameln, auf dem Ring links bis Sparkasse und Abzweig nach links auf B1, nach Bahnbrücke rechts halten und wieder rechts auf Tunnelstraße, nach der nächsten Bahnbrücke an Ampel links weiter auf B1, in Coppenbrügge Ausfahrt links und wieder links Richtung Innenstadt, am Autohaus rechts der Beschilderung zum Campingplatz folgen.

GPS: 52.11530, 9.53473

Ruhiger, kleiner Platz am Ortsrand von Coppenbrügge, an dem viele Wanderwege vorbeiführen. Für Wohnmobile stehen sieben Stellplätze zur Verfügung, ansonsten in erster Linie Dauercamper. Sanitäranlagen etwas älter, aber in gutem Zustand, Ver- und Entsorgungsmöglichkeiten vorhanden. Sehr zuvorkommender Service. Nebenan das örtliche Hallen- und Freibad sowie ein marginal ausgestatteter, größerer befestigter Stellplatz für Reisemobile.

WOHNMOBILSTELLPLATZ HAMELN

ADRESSE: Ruthenstraße 14, 31785 Hameln, Tel. 05151/93 10 33, www.wohnmobilstellplatz-hameln.de

ANFAHRT: Wie oben, in Hameln rechts auf dem Ring B83, weiter auf dem Ring B1 über die Weser folgen, erste Kreuzung rechts Mühlenstraße, erste Abfahrt rechts Hafenstraße, bei Feuerwehr links auf Ruthenstraße, Stellplatz gegenüber der DHL Packstation.

GPS: 52.09611, 9.35825

Günstig zur Innenstadt, morgens recht laut, da im Gewerbegebiet. Entsorgung möglich, Bezahlung mit Münzen am Automaten.

WESTLICHES WESERBERGLAND

Schlösser und Quellen

Das ehrwürdige Schloss Hämelschenburg und die kleine Schlosskapelle St. Marien

8

Die ruhige Beschaulichkeit des Schellentals steht ganz im Gegensatz, obwohl gar nicht weit voneinander entfernt, zum lebhaft turbulenten Pulsschlag auf der ältesten Fußgängerzone der Welt an der Hauptallee von Bad Pyrmont. Auch nach über 350 Jahren hat der historische Flanierboulevard, der längst nicht nur den Schönen und Reichen vorbehalten blieb, kaum etwas von seiner legendären Anziehungskraft eingebüßt.

HEILENDE QUELLEN

Vom Idyll des Campingplatzes Schellental benötigen wir nur eine gute halbe Stunde zu Fuß und sind mittendrin im Zentrum **Bad Pyrmonts**, dem emsig sprudelnden Quell in Deutschlands Heilgarten. Nicht weniger als 19 Quellen brodeln hier, allein sieben ausgeschenkt in der Wandelhalle am Brunnenplatz beim **»Hyllige Born«**, dem stolzen, mithin noch recht jungen Heilquellen-Tempel von 1923 am Kopf der Hauptallee. Wasser in verschiedenen mineralischen Zusammensetzungen können gleich vor Ort zur therapeutischen Behandlung verkostet werden, was auch nicht medizinischen Reisenden im Rahmen eines »Quellentastings« mit anschließender Führung möglich ist. Schon vor gut 2000 Jahren wussten Römer und Germanen um die heilenden Kräfte der Quellen, die sie auch reiflich nutzten, wie Funde nach Ausgrabungen an den Brunnen deutlich belegen. Als Ursache für die ungewöhnliche Heilquellendichte des Staatsbades gilt die eigenartige lokale Geologie. Erkaltende Kohlensäure drückt aus gut 4000 Meter Tiefe Wasser an die Erdoberfläche, das auf seinem Weg allerlei Mineralien und Spurenelemente mitnimmt und an verschiedenen Stellen zutage fördert. Einzigartig dabei ist die **Dunsthöhle**, die sich unter einem modernen Pavillon in der Parkanlage am Helvetiushügel verbirgt. Hier tritt reines Kohlendioxid aus einer Grotte aus, die schon 1720 für trockene Schweißbäder genutzt wurde. Heute wird es insbesondere in der Quellgastherapie eingesetzt.

AUFSTIEG DES KURBADES

Der Hype für Bad Pyrmont setzte Mitte des 16. Jahrhunderts ein, als sich die Kunde über das heilende Wasser wie ein Lauffeuer verbreitete und Menschen aus allen Teilen Europas zu den vermeintlich wundertätigen

8

Quellen strömten, auf Heilung oder zumindest auf Linderung ihrer Krankheiten hoffend. Auf dem unbefestigten Areal der Quellen um den heutigen Brunnenplatz herrschten zu dieser Zeit chaotische Zustände, und der immense Pilgerstrom, der als »großes Wundergeläuf« in die Geschichtsschreibung einging, verlief entsprechend unorganisiert. Lediglich die etwas besser gestellten Heilung Suchenden reisten mit Kutschen an und entgingen damit dem spätmittelalterlichen Woodstock. Erst 100 Jahre später begann auf Geheiß des Reichsfürsten zu Waldeck und Pyrmont die planmäßige Anlage des Kurortes mit dem Hylligen Born als zentralem Ausgangspunkt. Er ließ 1668 die breite Lindenallee anlegen, die noch heute den bedeutendsten Teil der Kuranlagen bildet, nun unter hochgewachsenen Bäumen, und jetzt wie einst zum Lustwandeln in deren Schatten lädt. Ein halbes Jahrhundert danach war die grundlegende städtische Struktur Pyrmonts rund um die Kuranlagen festgelegt, zwischen barockem Schloss, das auf dem Fundament der früheren Festung errichtet wurde, und der Brunnenstraße. Nun stellte sich der europäische Adel ein. Bad Pyrmont avancierte zum Fürstenbad, zu einem ranghohen, populären Badeort für die oberen Gesellschaftsschichten.

Der ikonische »Hyllige Born« an der Bad Pyrmonter Wandelhalle

Schloss Bad Pyrmont und ein Teil des Schlossgartens mit der Sichtachse Anzio-Allee

Tipp

Zur Expo 2000 bekam die untere Hauptallee eine moderne Erweiterung in Form der Wasser-Erlebnisroute. Ihr Zentrum ist am Platz der vier Jahreszeiten mit symbolhaften Säulen. Der strenge, kanalisierte Lauf des Wassers bergabwärts vom Kaskadenbrunnen aus wird mittels skulpturaler Darstellungen dem Fluss des menschlichen Lebens gleichgesetzt und endet am Tor des Alters. www.badpyrmont.de

ANZIEHUNGSPUNKT FÜR BERÜHMTHEITEN

Gekrönte Häupter sorgten für einen touristischen Boom, dem unmittelbar danach auch die Kulturschaffenden folgten. Zar Peter der Große gab sich mit 300 Pferden im Gefolge die Ehre, ebenso die Preußenkönigin Luise, Friedrich der Große, später Kaiser Wilhelm, Gustav Stresemann oder die Komiker-Legende Heinz Erhardt, der hier seinen letzten Film drehte. Der Besuch des Dichterfürsten Johann Wolfgang von Goethe schließlich und seines Sohnes August im Sommer 1801 hinterließ bis heute den nachhaltigsten Eindruck. Sie alle schätzten, so wie wir heute, insbesondere den weitläufigen **Kurpark**, einen der ältesten seiner Art weltweit. Angelegt in einer gefälligen Mischung aus Barock- und Englischem Landschaftsgarten, wird er vor allem wegen seines beeindruckenden Palmengartens gerühmt. In seiner Gesamtheit, der blüten- und themenreichen Vielfalt lohnt sich jedoch ein ausgiebiger Aufenthalt, an dessen Anfang oder

Mediterrane Atmosphäre vermittelt der Palmengarten des Bad Pyrmonter Kurparks.

Ende auch der Besuch des Schlosses auf der Schlossinsel stehen sollte. Während die ursprüngliche Festung noch in den Katakomben unter der gräflichen Residenz spürbar ist, bieten sich von der Terrasse wunderbare Ausblicke über den Wassergraben auf den Park, vielleicht beim Genuss einer »Pyrmonter Moorschnitte« im **Schlosscafé**. Das **Museum im Schloss** informiert zudem über die lokale Geschichte des illustren Kurortes. Und auch das **Casino** trug und trägt zum Ruhm Bad Pyrmonts bei. Schon um 1730 frönte man mit Blick auf Hauptallee und Kurpark dem Glücksspiel.

AUSSICHTSREICHE WESERRENAISSANCE

Die Emmer schlägt südlich von Bad Pyrmont einen Haken nach Osten und verlässt Nordrhein-Westfalen dann endgültig, um sich in einer weiten Talsenke ihrer Mündung in Emmerthal in die Weser entgegenzuschlängeln. Dabei passiert sie **Hämelschenburg** und das gleichnamige **Schloss**, die »Perle der Weserrenaissance«. Errichtet ab 1588, entsprachen Antlitz und Ausformung aus dem regionalen Buntsandstein wohl dem Idealbild dieses Baustils; es ist aber weitaus mehr festlicher Repräsentativbau denn schützende Befestigung. Die Lage des Schlosses, das sich noch immer in Familienbesitz befindet, mit weitem Blick nach Süden, umgeben von einigen der früheren Wirtschaftsgebäude, von der geradezu unscheinbaren Schlosskapelle, der jetzigen **St. Marien-Kirche**, von der ehemaligen Schlossmühle am Emmerufer, die nun Künstleratelier ist, und von hübschen Parkanlagen macht es zu einem stolzen Wahrzeichen für die Region. Drei Schlossflügel mit den markanten, achteckigen Treppentürmen umrahmen den Schlossteich, der ehrfürchtig den Palast spiegelt.

8

Hämelschenburg entging den Zerstörungen durch die Truppen Tillys während des Dreißigjährigen Krieges, weil die damalige Schlossherrin dem Feldherrn entschlossen gegenübertrat und einen schützenden Deal für ihr Domizil aushandeln konnte. Die unterhaltsamen Führungen durch das eindrucksvolle Gemäuer gleichen einer Zeitreise durch die Jahrhunderte und beginnen am Besucherzentrum in der ehemaligen Zehntscheune gegenüber, unweit des gebührenfreien, großen Parkplatzes. Im Museumsshop gibt es Produkte aus der Region und Literatur über Schloss und Architektur sowie Seifen aus der **Gartenhaus-Siederei**, die bei einem Spaziergang hinunter zur Emmer besucht werden kann. Für das leibliche Wohl, das Schloss stets im Blick, sorgen die Eisbecher und hausgemachten Kuchen des Schlosscafés im Rittersaal und auf dem großen Innenhof.

Tipp

Um einmal das Wohnmobil mit einem festen Schlafplatz zu tauschen, ist das Baumhaushotel am Hotel Waldquelle etwas außerhalb von Aerzen eine ungewöhnliche, aber spannende Alternative, zudem mit guter Aussicht und zahlreichen Wandermöglichkeiten in der Nähe. Das Restaurant des Hotels zeichnet sich durch eine hervorragende Küche aus, und es gibt ein paar Stellplätze für das Wohnmobil. www.hotel-waldquelle.de

◀ Prachtvolle Fassade von Schloss Hämelschenburg ▶ An der Schlossmühle

8

SCHLÖSSER UND HERRENHÄUSER AM WEGESRAND

Weil die Burg Aerzen über einen langen Zeitraum Verwaltungssitz und Amtshof war, wird sie auch als **Domänenburg** bezeichnet. Erbaut zu Beginn des 13. Jahrhunderts, auferstanden nach Zerstörung gegen Ende des Dreißigjährigen Krieges, diente das stolze Fachwerkgebäude über dem massiven Bruchsteinsockel ab 1966 für eine Weile als Schule und ist heute Kulturzentrum und Standort für Veranstaltungen jedweder Art. Nördlich von Aerzen liegt mit dem **Schloss Schwöbber** ein weiteres Kleinod der Weserrenaissance, in welchem einmal mehr der im Weserbergland erstaunlich umtriebige Zar Peter der Große im Jahr 1716 logierte. Der imposante dreiflügelige Bau ist seit 2004 renommiertes Schlosshotel Münchhausen mit populären Golfplätzen des Hamelner Golfclubs. Die dem Schloss zugehörige Parkanlage wurde um 1750 zu einem Meilenstein kontinentaleuropäischer Gartenkunst, denn ihr Gestalter Otto II. von Münchhausen legte ihm das Prinzip eines Englischen Landschaftsgartens zugrunde, einer der ersten seiner Art außerhalb der britischen Insel. Einen Blick wert ist auch noch das **Rittergut Posteholz** mit seinem eindrucksvollen Fachwerk-Herrenhaus von 1776, das wir am Wegesrand auf unserer Fahrt durch die agrarisch geprägte, sanft hügelige Landschaft am östlichen Ausläufer des Teutoburger Waldes in Richtung Hessisch-Oldendorf passieren.

◀ Im Innenhof von Schloss Schwöbber ▶ Historische Pforte zum Golfclub

Das Schloss Münchhausen ist ein Musterbeispiel der Weserrenaissance.

KURIOSES IM ALTEN DORF

Es gab zu viele Orte des gleichen Namens »Oldendorp«, altes Dorf, also wurde 1905 offiziell der Zusatz »Hessisch« vorangestellt, was ein wenig anachronistisch wirkt, liegt Hessisch Oldendorf doch in Niedersachsen. Damals jedoch gehörte es auf Geheiß Preußens noch (und bis 1932) zur Provinz Hessen-Nassau. Gegründet im 12. Jahrhundert, sollte Oldendorf ursprünglich zum Machtzentrum der Grafen von Schaumburg werden, was in der Folgezeit aber nur bedingt gelang. Ein Grund dafür war die Veränderung des Laufs der Weser samt weitgehender Trockenlegung der diversen Flussarme in der breiten Talsenke, die Oldendorf vom wirtschaftlich ertragreichen Schiffsverkehr abschnitt. Im hübschen kleinen Park vor der stolzen Bruchsteinfassade des Münchhausenhofes, einem weiteren Juwel der Weserrenaissance, erinnert nur noch der beschauliche Hollenbach daran, dass hier einmal die Weser ihre Bahn zog. Die Legende sieht einen Bauern als Schuldigen für den Verlust des Weserzugangs, denn er hatte einen Pferdekopf in den Fluss geworfen, weil er gehofft hatte, dadurch künftige Hochwasser zu verhindern. Dummerweise nahm der Fluss ihm das übel … und übrigens auch seine Mitbürger. Der Münchhausenhof, einst Rittergut und Standort der umfassenden Bibliothek des Humanisten Ludolf von Münchhausen, ist leider nur von außen zu besichtigen. Er liegt am noch weitgehend erhaltenen Stadtwall, auf dem wir bei einer Wanderung durch Oldendorf teilweise spazieren können.

◀ Der Baxmann siebt noch immer. ▶ St. Marien-Kirche in Hessisch Oldendorf

DER SAGENHAFTE BAXMANN

Einige zauberhafte Fachwerkhäuser finden sich noch im Stadtkern, insbesondere am Kirchplatz rund um die trutzige **St. Marien Kirche** aus dem späten 14. Jahrhundert und auf der Langen Straße. An der Ecke zum Markplatz müht sich »Cord Baxmann« in seinem ihm gewidmeten **Brunnen** damit ab, das Quellwasser des Blutbaches zu sieben. Die Darstellung basiert auf den Sagen, die sich um den Wirt des Ratskellers, des Türmers und Kaufmanns Cord Baxmann ranken, die er nicht müde wurde selbst zum Besten zu geben. Geboren 1599, wurde er – ungewöhnlich für diese Zeit – biblische 91 Jahre alt. Sein beträchtliches Vermögen soll er geschäftstüchtig durch Lug und Betrug erwirtschaftet haben, was ihm letztlich die Verbannung zu der im 2003 errichteten Brunnen dargestellten absurden Tätigkeit einbrachte. Als das Wasser an Wintertagen gefror, gelang ihm sein Auftrag tatsächlich, was wiederum zur Folge hatte, dass er fürderhin das Quellwasser mit einem Fingerhut schöpfen sollte. Seither wurde er nicht mehr gesehen, auch nicht an der Quelle des Blutbaches, die unweit der markanten **Hohensteiner Klippenformationen** nordöstlich Oldendorfs liegt. Ein reizvoller Rundweg führt, ausgehend vom Parkplatz an der **Kreuzsteinquelle**, im Blutbachtal durch heimeliges Waldgebiet bis auf den pittoresken Höhenzug mit fantastischen Aussichten. Am Ende der Wanderung kann man prima die Füße im Wassertretbecken kühlen und im Restaurant oder Biergarten des **Hotels Pappmühle** den Verlust an Kalorien wieder ausgleichen.

8

Tipp

Die Schillat-Höhle auf dem Riesenberg im Hessisch Oldendorfer Stadtteil Langenfeld gilt als nördlichste Tropfsteinhöhle Deutschlands und liegt unmittelbar an der Strecke des Weserbergland-Weges. Am Rande eines Kalksteinbruchs erst 1992 entdeckt, wurde sie 2004 als knapp 200 Meter lange Schauhöhle der Öffentlichkeit zugänglich gemacht. Eine Führung ist unbedingt empfehlenswert. www.schillathoehle.de

DIE FRAUEN VON FISCHBECK

Wir schreiben das Jahr 955, als das **Kanonissenstift Fischbeck** am rechten Weserufer von Edelfrau Helmburgis gegründet wird. Die Geschehnisse rund um dieses denkwürdige Ereignis sind im legendären **Fischbecker Wandteppich** verewigt. Auch nach der Reformation blieb die noch immer beeindruckende, romanisch geprägte Klosteranlage ein Frauenkloster. Nur Damen, die nachweislich mehr als ein Dutzend Adelige in ihrem Stammbaum vorweisen konnten, genossen das Privileg, das Kloster beziehen zu dürfen. Dieser Adelsbonus endete erst im 20. Jahrhundert, noch immer aber ist das Stift nur Frauen vorbehalten.

Malerisches Fachwerk findet sich rings um den Hessisch Oldendorfer Kirchplatz.

◀ Die Klosterkirche Fischbeck ▲ Der kaiserliche Reichsadler an der Kirchendecke zu Fischbeck. ▼ Der Klostergarten ist meist nur den Klosterfrauen vorbehalten.

Bei den kurzweiligen Führungen durch die mittelalterlichen Räumlichkeiten, durch Kreuzgang und Stiftskirche, die in ihrer heutigen Form auf das beginnende 12. Jahrhundert zurückgeht, erfährt man mancherlei Anekdote aus der Historie. So auch vom Besuch Kaiser Wilhelms im Jahr 1904. Teils mit privaten Geldern hatte der Kaiser die umfangreiche Renovierung des Sakralbaus finanziert und war höchstselbst bei der damaligen Amtseinführung der neuen Äbtissin zugegen. Der zu Gunsten seiner edlen Spende unter der hölzernen Kirchendecke aufgebrachte Reichsadler erschien dem hohen Herrn allerdings etwas zu groß. Und dieser Eindruck trügt auch heute nicht, wenn wir den Kopf in den Nacken legen, um das überdimensionale Wappentier über uns zu betrachten. Nicht minder prachtvoll aber ist die historischen Vorbildern nachempfundene und im typischen Barockstil Norddeutschlands 2007 erstellte Orgel im Gehäuse des Originals von 1734.

AUF EINEN BLICK

Info

STADT/REGION: Westliches Weserbergland
BESTE REISEZEIT: ganzjährig
OPTIMALE REISEDAUER: 1–3 Tage
TOURIST-INFO: Touristikzentrum, Marktplatz 7, 31737 Rinteln, Tel. 05751/401 96 20, www.westliches-weserbergland.de
Niedersächsisches Staatsbad Pyrmont, Heiligenangerstraße 6, 31812 Bad Pyrmont, Tel. 05281/15 01, www.staatsbad-pyrmont.de

SEHENSWÜRDIGKEITEN

HYLLIGE BORN: Am Hylligen Born 7, 31812 Bad Pyrmont, Tel. 05281/15 03, www.klinik-der-fuerstenhof.de
DUNSTHÖHLE: An der Dunsthöhle, 31812 Bad Pyrmont, GPS: 51,98884, 9.26078
MUSEUM IM SCHLOSS BAD PYRMONT: Schloßstraße 13, 31812 Bad Pyrmont, Tel. 05281/60 67 71, www.museum-pyrmont.de
KURPARK BAD PYRMONT: Heiligenangerstraße 9–11, 31812 Bad Pyrmont, Tel. 05281/15 15 84, www.kurpark-pyrmont.de
SPIELBANK BAD PYRMONT: Heiligenangerstraße 32, 31812 Bad Pyrmont, Tel. 05281/934 90, www.spielbank-bad-pyrmont.de
SCHLOSS HÄMELSCHENBURG: Schloßstraße 1, 31860 Emmerthal, Tel. 05155/95 16 90, www.schloss-haemelschenburg.de

◀ Friedrichsquelle im Kurpark ▶ Museum in den Schlosskatakomben

AUF EINEN BLICK

SEIFEN-SIEDEREI: Schloßstraße 1A, 31860 Emmerthal, Tel. 0179/346 07 21, www.die-seifensiederin.art
DOMÄNENBURG AERZEN: Burgstraße 6, 31855 Aerzen, Tel. 05154/70 94 17, www.aerzen.de
SCHLOSS SCHWÖBBER: Schwöbber 9, 31855 Aerzen, Tel. 05154/706 00, www.schlosshotel-muenchhausen.com
RITTERGUT POSTEHOLZ: Posteholzer Straße 1, 31855 Aerzen, GPS: 52.08840, 9.20162
MÜNCHHAUSENHOF: Weserstraße 14, 31840 Hessisch Oldendorf, Tel. 05152/513 22, www.historisches-weserbergland.de
ST. MARIEN KIRCHE: Kirchplatz, 31840 Hessisch Oldendorf, Tel. 05152/22 08, www.kirche-hessisch-oldendorf.de
BAXMANN-BRUNNEN: Marktplatz 2, 31840 Hessisch Oldendorf, GPS: 52.16849, 9.24990
HOHENSTEINER KLIPPEN: Aussichtspunkt Grüner Altar, GPS: 52.19654, 9.31242
KREUZSTEINQUELLE: Kneippstraße, 31840 Hessisch Oldendorf, GPS: 52.19069, 9.31281
HOTEL PAPPMÜHLE: Pappmühle 1, 31840 Hessisch Oldendorf, Tel. 05152/94 66 66, www.pappmuehle.de
STIFT FISCHBECK: Im Stift 12, 31840vHessisch Oldendorf, Tel. 05152/86 03, www.stift-fischbeck.de

CAMPINGPARK SCHELLENTAL

ADRESSE: Am Schellenhof 1–3, 31812 Bad Pyrmont, Tel. 05281/87 72, www.schellental.de
ANFAHRT: Von A2 über B83 bis Hameln, in der Stadt auf Ring rechts, B1 Richtung Aerzen/Bad Pyrmont, in Grießern links auf Pyrmonter Straße, über Serpentinen bis Pyrmont, an großer Kreuzung links auf Schillerstraße, Südstraße und Bahnhofstraße, Ampel am Bahnhof links auf Lügder Straße, vor Bahnbrücke links auf Dringenauer Straße bis Löwensen, erster Abzweig weiter geradeaus »Im Unterdorf«, links und nächste links »Am Hesselbusch« und der Beschilderung zum CP folgen.

◀ WoMo-Hafen in den Emmerauen ▶ Idyll im Campingpark Schellental

GPS: 51.99570, 9.27721
Ruhig gelegene, dicht bewachsene Campinganlage am Hang mit vielen lauschigen Nischen, Zufahrt teilweise etwas eng. Überwiegend Dauercamper, für Wohnmobile stehen mind. 25 Stellplätze zur Verfügung, Ver- und Entsorgungsmöglichkeiten, Brötchenservice, sehr ordentliche Sanitäranlagen, Strom 6 A. Bei später Anreise (nach 21.30 Uhr) Anmeldung erforderlich, weitgehend kontaktloses Ein- und Auschecken über Info-Pakete und Umschläge. Ausgezeichnetes Restaurant mit Biergarten, Spielplätze und zahlreiche Rad- und Wanderwege in direkter Umgebung.

REISEMOBILHAFEN IN DEN EMMERAUEN

ADRESSE: Hauptmann-Boelke-Weg, 31812 Bad Pyrmont, Tel. 5281/94 05 11, www.badpyrmont.de
ANFAHRT: Wie CP Schellental bis Südstraße, am Tourismusbüro rechts zum Tierpark und Reisemobilhafen.
GPS: 51.97917, 9.25345
Gute Lage zur Innenstadt am Pyrmonter Zoo, befestigte Fläche für 65 Fahrzeuge, Anmeldung bei der Tourist-Info. Ver- und Entsorgungsmöglichkeiten, WC bei Tourist-Info, Duschen im Schwimmbad. Kurtaxe erforderlich. In Gebühr enthalten die PyrmontCardPlus, Besuch des Museums, Besuch der Hufeland-Therme, Besuch des Erlebnisbades Pyrmonter Welle, Rabatt bei Ausleihe von E-Bikes.

SCHAUMBURGER LAND

Im romantischen Fürstentum

Die Sankt Nikolai Kirche im Zentrum Rintelns begrüßt den jungen Morgen.

9

Hinter Hessisch Oldendorf nimmt die Weser Kurs nach Westen und erfreut sich augenscheinlich der landschaftlich großzügigen Weite, die ihr die beginnende norddeutsche Tiefebene offenbart, befreit von den einengenden Höhenzügen ihres Oberlaufs. Sie schwingt lustvoll und bedächtig in Schleifen und Kurven durch die agrarisch geprägten Talauen des Schaumburger Landes, das als Keimzelle Niedersachsens gilt.

Der westlichste Teil des Doktorsees am Rande von Rinteln liegt bereits wieder in Nordrhein-Westfalen. Aus der ehemaligen Kies- und Sandgrube entstand Mitte des 20. Jahrhunderts ein riesiges Naherholungsgebiet mit diversen Freizeitangeboten, einem populären Campingplatz und zwei Seen, wovon lediglich einer Zugang zur Weser hat. Der Name »Doktorsee« beruht auf der früheren Nutzung der Flächen, die als Weiden für Nutztiere verwendet und in der Umgangssprache als »Doktorweiden« bezeichnet wurden. Rinteln war für knapp 200 Jahre, vom 17. bis zum 19. Jahrhundert, Universitätsstadt, und die Pädagogen diverser Fakultäten der Lehranstalt hatten hier ihre für Unterrichtszwecke verwendeten Tiere stehen. An die Zeiten der Schaumburger Universität zu Rinteln erinnern verschiedene Inschriften auf historischen Fachwerkhäusern im Stadtkern südlich der Weserbrücke, den wir nach einer knappen halben Stunde Fußweg vom Doktorsee aus erreichen.

RINTELNER RENAISSANCE

Gegründet und planmäßig angelegt durch die Grafen von Schaumburg am südlichen Weserufer zu Beginn des 13. Jahrhunderts, erlangte Rinteln schon frühzeitig große Bedeutung nicht nur als Ackerbürgerstadt mit eigener Befestigung, sondern auch als wichtiges Zentrum für Handel und Handwerk. Selbst der Dreißigjährige Krieg vermochte den Trend nicht nachhaltig zu unterbrechen, der Stadt kam die Universität zugute. Wenngleich das studentische Leben heute fehlt, bleibt der Innenstadtkern dennoch lebhafter Treffpunkt rund um die markante und alles überragende Kirche St. Nikolai, die in ihren Ursprüngen bis ins Jahr 1238 zurückreicht. Ein entzückendes Ensemble an historischen Gebäuden gruppiert sich unter ihr an Markt- und Kirchplatz, allen voran das ehemalige Rathaus und heutiger Ratskeller in seiner mehr als bemerkenswert prachtvollen Architektur

9

der Weserrenaissance. Bei einem Spaziergang können wir uns entspannt und ohne Eile durch die Gassen und über die Plätze treiben lassen. Wir begegnen eindrucksvollen Fachwerk-Bürgerhäusern und dem **Prinzenhof**, immer wieder Spuren der Renaissance wie dem winzigen Archivhäuschen am **Münchhausenhof** in der Ritterstraße oder der **Jacobi-Kirche**, die als Klosterkirche 1238 errichtet wurde und im Gegensatz zur Abtei die Zeiten überdauerte. Der Geschichte Rintelns können wir beim Besuch im **Museum Eulenburg** am heutigen Rathaus nachspüren. Bei der St. Sturmius-Kirche am Weserufer schließlich oberhalb des alten Hafens findet sich mit dem **Stadtturm** ein wiederaufgebautes Relikt aus der Stadtmauer.

KAFFEERÖSTEREI NIEMEYER Für guten, frisch gerösteten Kaffee und herausragende Tees ist die traditionsreiche Kaffeerösterei Niemeyer in dem schmucken Fachwerkhaus an der Ecke von Kirchplatz und Brennerstraße eine unbedingte Empfehlung. In den liebevoll dekorierten Fenstern des kleinen Lädchens reihen sich Tee- und Kaffeekannen, Kaffeemühlen sowie individuell gestaltete Tassen und Becher pittoresk aneinander. www.kaffeeroesterei-niemeyer.de

◀ Stadtmuseum Eulenburg ▶ Im ehemaligen Prinzenhof residiert nun die Sparkasse.

Die ehemalige Orangerie im heimeligen Schlosspark des Rittergutes Exten

IN DEN WESERAUEN

Südlich vom Zentrum Rintelns liegt mit dem Ort **Exten** die größte und älteste Gemeinde im Stadtgebiet. Schon 896 erwähnt, war es in erster Linie der Flusslauf der Exter, der die Geschicke Extens beeinflusste. Mühlen und Hammerwerke an ihren Ufern sorgten für eine lebendige Kleinindustrie, die bis ins frühe 20. Jahrhundert andauerte. Das spätbarocke **Rittergut Exten**, der heutige Edelhof, zeugt mit seinem in zartem Gelb getünchten Herrenhaus vom einstigen Wohlstand. Das Gutshaus befindet sich in Privatbesitz und ist nicht zugänglich. Die Exter windet sich geschmeidig durch den als romantischen Landschaftsgarten angelegten Park des Gutes, in welchem sich auch die aparte Orangerie befindet, die einst eine exquisite Sammlung exotischer Pflanzen beheimatete. Noch stets eine stattliche Erscheinung, ist sie mittlerweile für Wohnzwecke umgewidmet. Führungen im Park und zur Orangerie sind nach Absprache möglich.

WEITES LAND

Von den Höhen der am Nordosthang des Lippischen Berglandes gelegenen, zu Hohenrode gehörenden Streusiedlung Strücken östlich von Exten bietet sich ein fabelhafter Ausblick über das breite Tal der Weser, über Rinteln hinweg bis zum Wellenkamm des Wesergebirges, der die eigentliche südliche Begrenzung des Schaumburger Landes darstellt. Beginnend am Höhenzug des Süntel, schweift der Blick und endet erst an der Porta Westfalica. Das Bett der Weser veränderte sich hier recht oft,

Der Turm der Schaumburg überragt das sich weit ausdehnende Wesertal.

was in entsprechenden Landverschiebungen, neuerlicher agrarischer und industrieller Nutzung resultierte. So entstand durch den zwischenzeitlich eingestellten Kiesabbau im Weserbogen vor dem Dorf die **»Auenlandschaft Hohenrode«**, die zu einem wertvollen Naturreservat wurde mit standorttypischer Flora und Fauna. Von kleinen Beobachtungshütten und Plattformen aus bieten sich (Fernglas nicht vergessen!) tolle Einblicke insbesondere in eine vielfältige Welt der Wasservögel. Esel auf den Weiden am Wegesrand sorgen zusätzlich für Ablenkung.

Tipp

Mit eigens angefertigten Fahrrad-Draisinen können wir seit 2001 auf den Gleisen der ehemaligen Extertal-Bahn, ausgehend vom Bahnhof Exten, über 18 Kilometer bis nach Alverdissen am nordöstlichen Ausläufer des Teutoburger Waldes strampeln. Entlang der landschaftlich reizvollen Strecke bieten sich diverse Möglichkeiten für Pausen und zur Erfrischung. www.draisinen.de

ARISTOKRATISCHER WEITBLICK

Namensgebend für die Region ist das Grafengeschlecht derer zu Schauenburg und Holstein, die auf der **Höhenburg Schaumburg** am Nesselberg oberhalb des Wesertals thront und ihrerseits mit fantastischen Aussichten über das weitläufige, offene Tal brilliert. Die Zufahrt zur Burg, erstmals Anfang des 12. Jahrhunderts urkundlich nachgewiesen, ist wegen einiger enger Kurven etwas schwierig, doch der Weg lohnt sich, wenngleich wir

9

die letzten Meter vom Parkplatz am Torhaus per pedes hinauf zum Bergfried zurücklegen müssen. Für einen geringen Obolus können wir diesen sogar noch über eine recht enge Stiege zwecks Aussichtsoptimierung erklimmen. Aber der Blick allein von der Burgmauer ist schon imposant; nicht umsonst spricht die Geschichtsschreibung bei der vergitterten Öffnung in der Burgmauer von einer Himmelspforte. Leider befindet sich die Gaststätte in einem schon recht lang andauernden Dornröschenschlaf, kann sich daher eines eher morbiden Charmes nicht entsagen und sehnt sich danach, wachgeküsst zu werden.

Noch oberhalb von Burg Schaumburg, auf dem Mönchsberg als höchster Erhebung des Weserkamms, liegt mit der **Paschenburg** ein etwas weniger geschichtsträchtiger, dafür höher gelegener Aussichtspunkt. Die als Jagdschloss 1842 errichtete Villa ist heute ein populäres Ausflugslokal (www.restaurant-paschenburg.de), war aber schon um 1850 beliebt für ihr Panorama, das als »Sieben-Länder-Blick« über die damaligen Königreiche und Fürstentümer bekannt war. Zwei Länder sind geblieben ... wobei bei sehr gutem Wetter sogar der Brocken und damit Sachsen-Anhalt hinzukäme.

Der Aussichtsturm entstand einst auf Wunsch der Besucher der Villa Paschenburg.

9

DES POETEN HEIMSTATT

Im April 1832 wurde Wilhelm Busch im Dorf **Wiedensahl** im Norden des Schaumburger Landes geboren. Ab dem Beginn des 13. Jahrhunderts erwähnt, zeichnet es sich durch seine ungewöhnliche, schnurgerade Ausrichtung von Süd nach Nord aus. An den beiden Straßenseiten lagen und liegen landwirtschaftliche Betriebe eng aneinander und ein Teich in der Ortsmitte – die mittlerweile rare Dorfstruktur eines Hagenhufendorfes. Der größte Sohn des Ortes ist im Straßenbild in vielfacher Weise präsent, alles dreht sich um ihn. An jeder Laterne hängen Charaktere seiner Geschichten als Schattenriss, Tafeln weisen auf Stationen seines Lebens hin, illustrieren den **»Wilhelm-Busch-Spaziergang«** mit 19 Stationen zwischen Geburtshaus und Pfarrhaus, in welchem er zwischen 1872 und 1879 lebte und in der von ihm geliebten Abgeschiedenheit seines »klimperkleinen Plätzchens« viele seiner Werke, Texte wie Bilder und Zeichnungen, entstanden. Max und Moritz, Lehrer Lämpel, Witwe Bolte – sie alle ehren mannigfach ihren Erfinder. Am Pfarrhaus, es stammt aus der Zeit um 1550, wurde ihm ein steinernes Denkmal gesetzt, und im Geburtshaus, dem **Wilhelm Busch Museum**, ist neben biografischen Ausstellungsbereichen gar das Zimmer zu sehen, in dem er das Licht der Welt erblickte.

Eingang zum Wilhelm-Busch-Museum und Geburtshaus des malenden Poeten

▲ Lehrer Lämpel als Scherenschnitt an der Hauptstraße ▼ Max und Moritz überall in Wiedensahl ▶ Moderne Bronzeskulpturen auf dem Marktplatz von Stadthagen

ARCHITEKTUR VOM FEINSTEN

Busch empfing Besuch nie in Wiedensahl; Freunde und Bekannte traf er immer in **Stadthagen**, der »Stadt der Weserrenaissance«. In ihrem Kern, größtenteils umgeben vom historischen, nun zur öffentlichen Parkanlage umgewidmeten Stadtwall, ist noch immer der mittelalterliche Grundriss sichtbar. In dessen Mitte liegt der Marktplatz, umgeben von einem wunderbaren Ensemble an stolzen Gebäuden der Weserrenaissance, dominiert vom historischen **Rathaus**, das nun die Touristen-Information, das Trauzimmer und den Ratskeller beherbergt. Die umliegenden Fachwerkhäuser überbieten sich gegenseitig an geschnitztem Detailreichtum, während das einzige steinerne Bürgerhaus aus der Zeit mit seinen typischen runden und spitzen Dekorelementen über lange Zeit die Städtische Brauerei beheimatete, Wilhelm Buschs bevorzugten Treffpunkt.

Der Bau des Residenzschlosses Stadthagens leitete die Zeit der Weserrenaissance ein.

Weitere herausragende Baulichkeiten, die wir bei einem Stadtspaziergang entdecken, sind das historische Kloster mit dem angrenzenden Klostergarten von 1500, die St. Martini-Kirche mit ihrem Turm von 1318 und das daran angeschlossene, siebeneckige Mausoleum der Fürstenfamilie von Schaumburg sowie die alte Lateinschule. Neben dem markanten **Stadtschloss**, das um 1520 im Stil der frühen Renaissance auf den Grundmauern einer Wasserburg errichtet wurde und Stammsitz der Fürsten war (heute Sitz des Finanzamts), steht ein wenig verwunschen und an Hollywood erinnernd die **Amtspforte**. 1553 errichtet, vereint sie alle herausragenden Züge der Fachwerkarchitektur dieser Periode, mit Backstein ausgemauertem Fächerwerk, dunklen Ständern und hervorkragenden Giebeln. In ihr hat das **Museum zur Stadtgeschichte** sein adäquates Domizil gefunden.

Tipp

Stadthagen lässt sich auch auf recht ungewöhnliche Weise durch den Pfad der Sinne erkunden, der bei Groß und Klein gleichermaßen beliebt ist. Kunstvolle Objekte und Skulpturen animieren im Stadtzentrum als Kaleidoskop, Klangschale und Sprachrohr, als Kugelbahn oder riesiges Summ-Ohr zum Tasten, Lauschen und anderen haptischen Erfahrungen. www.stadthagen.de

9

SCHLÖSSER, PARKS UND GÄRTEN

Die Habichhorster Straße durchschneidet den **Schlosspark** und gefälligen Schlossgarten nach Süden hin. Ursprünglich ebenfalls im Stil der Renaissance ausgeführt, erhielt er später eine barocke Auslegung, die heute wieder gut zu erkennen ist. Zunächst wurde er als Nutzgarten für das Fürstenschloss betrieben und bestand aus Obstbaumwiesen und Gemüsebeeten, bevor er umgestaltet wurde und über eine erkleckliche Zeit sogar als Kurpark diente. Doch die Heilquelle entpuppte sich als wenig ergiebig, also blieb letztlich nur der kleine Teich mit dem niedlichen, auf Eichenpfählen im Wasser ruhenden **Lustschlösschen**, das schon 1573 dem örtlichen Adel manch Kurzweil bescherte.

Über eine ebensolche Parkanlage, jedoch im Stil eines englischen Landschaftsgartens, verfügt auch das **Renaissanceschloss Bückeburg**. Es entstand um 1560 durch den Umbau einer bereits zum Ende des 13. Jahr-

Historische Brücke über den Schlossgraben zum Residenzschloss von Bückeburg.

9

hunderts errichteten Wasserburg und ist bis heute im Besitz der Schaumburger Fürstenfamilie. Ganz im Westen des Parks befindet sich das um 1916 fertiggestellte **Mausoleum**, die größte private Familiengrabstätte der Welt mit dem zusätzlichen Superlativ der größten goldenen Mosaikkuppel Europas in ihrem Innern. Naturliebhaber dürften indes mehr beeindruckt sein von den Süntel-Buchen des Parks, die mit ihrem knorrigen Astwerk ein dichtes, geradezu undurchdringliches Laubdach schaffen.

ALTE SCHLOSSKÜCHE Fürstlich speisen ist angesagt in Schloss Bückeburgs Alter Schlossküche, die in urigem Ambiente oder auf der Schlossterrasse mit Blick in den Park während des ganzen Tages kleine Gerichte serviert, den Fokus aber auf verschiedene Frühstücksvariationen sowie exquisite Kuchen zur gepflegten Kaffee- oder Teepause am Nachmittag legt. Stilvoll zudem der Pavillon auf der Schlossbrücke mit französischem Flair. All dies bildet einen gelungenen Abschluss nach einer erlebnisreichen Schlossführung. www.alte-schlosskueche.de

Exzentrisch und mondän: der französische Pavillon am Bückeburger Schloss

◀ Das goldene Pferd am Bückeburger Marstall ▶ Im Hubschraubermuseum

BÜCKEBURGER PRACHT

Während sich die kulinarische Fachwelt noch immer nicht darüber einigen kann, wer nun die Currywurst erfunden hat – dies soll nämlich schon 1946 in der Bückeburger Schlossküche geschehen sein –, genoss die **Fürstliche Hofreitschule** insbesondere im Laufe des 18. Jahrhunderts europaweit große Beachtung. Bei den halbstündigen Reitkunstvorführungen taucht man ein in barocke Authentizität und traditionelle Eleganz auf edlen Hengsten und in barocker Kostümierung. Im Eintrittspreis ist der Besuch des Museums im Marstall mit dem goldenen Ross am Eingang und des Pferdestalls eingeschlossen. Durch das imposante Schlosstor im Stil der Weserrenaissance verlassen wir das Schlossgelände und betreten den Marktplatz, wo uns schon das nicht minder prächtige **Rathaus** aus der gleichen Epoche grüßt. Allerdings handelt es sich trügerischerweise um einen Neubau vom Beginn des 20. Jahrhunderts nach originalem Vorbild. Am östlichen Ende der »Lange Straße«, der zentralen Achse Bückeburgs mit zahlreichen historischen Gebäuden, darunter auch dem **Stadtmuseum**, liegt die **Bückeburger Stadtkirche** mit beeindruckender Renaissancefassade und faszinierendem Innenraum. Einen Turm besitzt sie aufgrund ihrer Statik jedoch nicht. Gleich neben dem Rathaus befindet sich das hochinteressante und weltweit einzige **Hubschraubermuseum**, das seit 2011 durch einen gläsernen Kubus auf sich aufmerksam macht. Dieser stellte eine notwendige Erweiterung der Ausstellungsbereiche im historischen Burgmannshof dar. Highlight des Museums ist der Hubschrauber-Flugsimulator.

AUF EINEN BLICK

Info

STADT/REGION: Rinteln, Schaumburger Land
BESTE REISEZEIT: ganzjährig
OPTIMALE REISEDAUER: 1–3 Tage
TOURIST-INFO:
www.schaumburgerland-tourismus.de

SEHENSWÜRDIGKEITEN

KIRCHE ST. NIKOLAI: Kirchplatz, 31737 Rinteln, Tel. 05751/32 50, www.nikolai-rinteln.de
MÜNCHHAUSENHOF: Münchhausenhof 1, 31737 Rinteln, www.quermania.de
MUSEUM EULENBURG: Klosterstraße 21, 31737 Rinteln, Tel. 05751/411 97, www.eulenburg-museum.de
AUENLANDSCHAFT HOHENRODE: www.nabu-rinteln.de, GPS: 52.17716, 9.15070
HÖHENBURG SCHAUMBURG: Burgstraße 1, 31737 Rinteln, Tel. 05152/37 65, www.rinteln.de
PASCHENBURG: Paschenburg 1, 31737 Rinteln, Tel. 05152/2547, www.restaurant-paschenburg.de
WIEDENSAHL: Hauptstraße 68a, 31719 Wiedensahl, Tel. 05726/388, www.wilhelm-busch-land.de
AMTSPFORTE: Obernstraße 32, 31655 Stadthagen, Tel. 05721/92 49 00, www.museum-stadthagen.de
LUSTHAUS: Habichhorster Straße 2, 31655 Stadthagen, Tel. 05721/982 38 88, www.lusthausstadthagen.de
RENAISSANCESCHLOSS BÜCKEBURG: Schlossplatz 1, 31675 Bückeburg, Tel. 05722/95 58 30, www.schloss-bueckeburg.de
FÜRSTLICHE HOFREITSCHULE: www.hofreitschule.de
MUSEUM BÜCKEBURG: Lange Straße 22, 31675 Bückeburg, Tel. 05722/48 68, www.museum-bueckeburg.de
BÜCKEBURG STADTKIRCHE: Lange Straße 9, 31675 Bückeburg, Tel. 05722/957 70, www.stadtkirchengemeinde-bueckeburg.de
HUBSCHRAUBERMUSEUM: Sable-Platz 6, 31675 Bückeburg, Tel. 05722/55 33, www.hubschraubermuseum.de

◀ Ruhe sanft am Campingplatz, ... ▶ ... der sich um den Doktorsee herumzieht.

CAMPINGPLATZ AM ERHOLUNGSGEBIET DOKTORSEE

ADRESSE: Am Doktorsee 8, 31737 Rinteln, Tel. 05751/96 58 60, www.doktorsee.de

ANFAHRT: Von A2 auf B83 Richtung Hameln/Rinteln, erste Möglichkeit rechts auf B238, dritte Ausfahrt rechts auf L435 Richtung Erholungspark Doktorsee.

GPS: 52.18702, 9.05855

Neben umfangreichen Arealen für Dauercamper, die sich rund um das Seeufer verteilen, stehen für das Wohnmobil diverse Stellplätze auf dem riesigen Gelände zur Verfügung. Ein eigener, befestigter Bereich befindet sich nahe am Badestrand mit Blickrichtung Sonnenuntergang. Ver- und Entsorgungsmöglichkeiten, Stromanschluss problemlos verfügbar, ausgezeichnete Sanitärbereiche, Kiosk, zwei Restaurants und zahllose Freizeitangebote – von Adventure-Golf über Saunalandschaft und Wassersportaktivitäten bis hin zu regelmäßigen Veranstaltungen (Doktorsee in Flammen, Oldtimertreffen etc.).

REISEMOBILSTELLPLATZ AM TROPICANA

ADRESSE: Jahnstraße 2, 31655 Stadthagen, Tel. 05721/873 80, www.tropicana-stadthagen.de

ANFAHRT: Von der A2 auf B65 bis Stadthagen-Süd, links auf Jahnstraße Richtung Zentrum bis Kreuzung Enzer Straße, dort links und erste wieder links zum Tropicana.

GPS: 52.32223, 9.18637

Neu angelegter, befestigter Platz für ca. 30 Fahrzeuge, Ver- und Entsorgungsmöglichkeiten, Strom verfügbar, Gutscheine für das Tropicana-Bad in Gebühr enthalten.

Das glückliche Ende

Von der Glacis-Brücke schweift der Blick über die Schiffmühle bis zum Kaiser Wilhelm.

10

Es ist eines der bekanntesten Denkmäler des Landes: jenes des Kaisers Wilhelm I. in 268 Meter Höhe auf dem Wittekindsberg oberhalb von Porta Westfalica. Das selbst noch einmal sieben Meter hohe Abbild des ersten deutschen Kaisers schützt ein massiver Baldachin, getragen von sechs Säulen, und bildet das weit sichtbare Wahrzeichen der Region, je nach Blickrichtung als Tor nach Ostwestfalen oder ins Weserbergland.

BESUCH BEIM KAISER

Im letzten eleganten Bogen der Weser, die hier im Land Nordrhein-Westfalen ihren westlichsten Punkt erreicht, bevor sie in langem Schwung über Nienburg und Verden in Bremen ankommt und schon die salzige Luft der Nordsee erahnt, liegt der Campingpark Weserbogen inmitten einer großflächigen Seenlandschaft aus Südlichem und Mittlerem See sowie dem Altteich. Sie entstanden nach Ende der Auskiesungsarbeiten an den früheren Baggerseen. Vom lauschigen Stellplatz am Seeufer aus blicken wir nach Westen, sind also vom Kaiser Wilhelm abgewandt. Dennoch erscheint er allgegenwärtig, steht, ganz egal, von wo man schaut, irgendwie immer im Blickfeld. So führt uns unser erster Weg denn auch über die kurvenreiche Strecke durch den Wald zum großen Parkplatz mit kleinem Stellplatzbereich und zu Fuß weiter noch ein Stück bergan zur 1896 eingeweihten **Gedenkstätte**. Beim Festakt am 18. Oktober war der Nachfolger im Amt mit Gemahlin Kaiserin Auguste Victoria zugegen. Ob die Herrschaften auch ein Auge für die sensationelle Aussicht hatten, ist nicht glaubwürdig überliefert. Der Blick jedenfalls, der ein Panorama von gut und gerne 270 Grad ermöglicht, schweift weit über den großen Weserbogen und das weite Wesertal hinaus tief ins Weserbergland hinein bis zu den Höhenzügen, die wir bis hierhin durchmessen und kennengelernt haben.

Tipp

Für den besten Überblick besteht die Möglichkeit, beim Aero-Club Minden eine Mitflug-Gelegenheit zum Selbstkostenpreis wahrzunehmen. Mit dem Segelflugzeug, dem Motorsegler oder einem einmotorigen Propellerflugzeug werden aussichtsreiche Rundflüge von der nördlichen Seite des Flugfeldes Porta Westfalica an Wochenenden und Feiertagen bei guten Wetterverhältnissen angeboten. www.ac-minden.de

10

HOCH UND TIEF

Gleichwohl war damals einiges, wenn nicht gar vieles im ehrwürdigen Blickfeld anders, allem voran auf dem Jakobsberg direkt gegenüber der markante **Fernmeldeturm**, der mit seiner Gesamthöhe von 142 Metern den Kaiser locker in den Schatten stellt. 1978 fertiggestellt, bildet er gemeinsam mit ihm nun ein ungleiches Duett der Wahrzeichen an der Porta Westfalica. In 23 Meter Höhe erreicht man über eine überdachte Wendeltreppe eine Aussichtsplattform, die ihrerseits beste Rundumsicht garantiert. Von hier ist auch etwas besser der Mittellandkanal in Minden zu erkennen. Die mit knapp 326 Kilometern längste künstliche Wasserstraße im Bundesgebiet, geplant als Verbindung zwischen Rhein und Elbe und gebaut ab 1905, wurde zwischen 1999 und 2003 noch an den Elbe-Havel-Kanal angeschlossen. Doch bevor wir diese besuchen, machen wir noch einen kleinen Abstecher unter die Erde ins **Besucherbergwerk Kleinenbremen**. Es gehört zum Gemeindegebiet von Porta Westfalica, liegt aber zwischen Bückeburg und Rinteln im Nordostzipfel Nordrhein-

Mittellandkanal und Weser treffen sich am ungewöhnlichen Wasserstraßenkreuz.

◀ Aufrecht: Kaiser Wilhelm I. ▲ Die Gedenkstätte wurde 1896 eingeweiht.
▼ Den Jakobsberg krönt der Fernmeldeturm von 1978.

Westfalens. Als eines der nördlichsten Bergwerke in Deutschland wurde hier unter dem prägnanten Namen »Wohlverwahrt« ab 1883 Eisenerz gefördert. Mit Unterbrechungen kam das wirtschaftliche Aus der Grube im Jahr 1957, doch sie feierte ihre Wiedererweckung – eines der zahlreichen Dornröschen des Weserberglandes – im Mai 1988 als spannendes Besucherbergwerk. Besonders aufregend wird es, wenn mit den Loren (Helmpflicht!) in den Stollen eingefahren wird und der Grubenführer amüsante Anekdoten aus dem Bergarbeiter-Nähkästchen zum Besten gibt. Gutes Schuhwerk und warme Kleidung sind angesagt, denn unten herrscht stets eine klamme Kühle.

DER KANAL IN DER STADT

In **Minden**, dem geografischen Pendant zu Hann. Münden, verabschieden wir die Ober- und begrüßen die Mittelweser; hier endet das Weserbergland und beginnt die norddeutsche Tiefebene. Als Übergangspunkt mag die Kreuzung der Wasserwege gelten. Weser und Mittellandkanal kreuzen sich am östlichen Stadtrand Mindens am **Wasserstraßenkreuz**, und die Schifffahrt geht hier zuweilen drunter und drüber. Um nicht aufwendige

◀ Der große Kurfürst wacht seit 1901. ▶ Haus Hill in der Bäckerstraße

Schleusenanlagen zu bauen, die notwendig gewesen wären, um Schiffe hinunter zur Weser und anschließend wieder auf das Kanalniveau zu hieven, konstruierte man eine 370 Meter lange Trogbrücke, einer Badewanne nicht unähnlich, und stellte damit die schiffbare Verbindung her. 1997 wurde diese erweitert und vergrößert. Dennoch besteht heute die Möglichkeit, über Schleusen wie im Fahrstuhl vom Fluss in den Kanal oder umgekehrt zu wechseln. Bei der Gründung der Stadt um 800 zur Zeit Karls des Großen gab es lediglich eine flache Furt, welche die Querung der Weser, wenn auch mit nassen Füßen, ermöglichte. Kaiser Karl ließ einen Bischofssitz anlegen an dieser Schnittstelle von Handelswegen aus allen vier Himmelsrichtungen und schuf damit ein wirtschaftliches Machtzentrum. Nicht umsonst war Minden später bedeutendes Mitglied der Hanse und bekam um 1260 sein prachtvolles **Rathaus** mit dem einzigartigen, noch heute erhaltenen Laubengang. Mitte des 11. Jahrhunderts begann man in der Stadt mit dem Bau des **Doms**, vollendet 1290 als repräsentative gotische Hallenkirche, deren Turm, nach starker Zerstörung im Zweiten Weltkrieg, sorgsam wiederaufgebaut in steinerner, massiver Schönheit erstrahlt und heute Wahrzeichen Mindens ist.

Tipp

In Deutschland ist sie mittlerweile ein Unikat: die Schiffmühle. Sie liegt nahe der Glacisbrücke am linken Weserufer vor Anker und ist ein rekonstruierter Nachbau einer der im 18. und 19. Jahrhundert aktiven Schiffmühlen. Der Schiffmüller demonstriert bei einer Führung die ungewöhnliche Technik, die schon um 1326 in Minden verbreitet war. Für das kulinarische Wohl sorgen nebenan Restaurant und Biergarten. www.schiffmuehle.info

10

STADTSPAZIERGANG

Minden liegt auf geschichtsträchtigem Grund. Hier am Übergang, am schmalen Durchlass von Wesergebirge zu Wiehengebirge, nur von der Weser durchbrochen, zeigten schon die Germanen den Römern ihre Grenzen auf. Vom Wohnmobil-Stellplatz Kanzlers Weide am rechten Weserufer gelangen wir auf kurzem Fußweg über die ikonische **Glacis-Brücke**, eine federleicht und beschwingt wirkende, 1995 fertiggestellte Hängebrücke für Fußgänger und Radler an die Mindener Weserpromenade. Hinter dem kleinen Park erwartet uns mit dem Kommunalarchiv und speziell dem Gebäude der **Neuen Regierung** die schon vertraute Renaissance-Architektur. Der einstige Sitz der Mindener Bezirksregierung entstand jedoch erst zu Beginn des 20. Jahrhunderts. Wir gehen am Stadttheater vorbei und nutzen dabei Deutschlands erste **Beacon Mile**, die als Smartphone-App einen individuellen Stadtrundgang ermöglicht. Rechts von uns erhebt sich das Ensemble um Dom und Rathaus, vor uns liegt der Marktplatz, den gefällige, allerdings vergleichsweise junge Bürgerhäuser vom Anfang des 20. Jahrhunderts umgeben. Am schmalen **Schmieding'schen Haus** mit dem spitzen Giebel, das dem Renaissance-Stil nachempfunden ist, sieht man zweimal am Tag ein Figurenspiel. Es zeigt Herzog Widukind und Kaiser Karl beim Schulterschluss mit dem Eid »Diese Burg soll nun min und din sein«, woraus der Stadtname der Legende nach entstand.

◀ Rathauspassage zum Mindener Dom ▶ Marktplatz mit Schmieding'schem Haus

10

IN DIE OBERSTADT

Vor der Martini-Treppe wacht der Astronom und Mathematiker Friedrich Wilhelm Bessel, ein Sohn der Stadt, dessen Büste auf einer Stele angebracht ist und der uns aus der Unter- in die Oberstadt geleitet. Dabei passieren wir auch die Symbolfigur Mindens, den Buttjer. Er steht sinnbildlich für die Bewohner des höher gelegenen Viertels, die eine eigene Sprache – eine skurrile Mischung aus Jiddisch, Jenisch, Platt und Hochdeutsch – pflegten. Oben angekommen, betreten wir eine mittelalterliche Szenerie, verwinkelt und gespickt mit zahlreichen historischen Schätzen, vornehmlich aus der Weserrenaissance. Unmittelbar vor uns erhebt sich die St. Martini-Kirche aus dem 14. Jahrhundert, ihr gegenüber belegt das Proviant-Magazin, heute Standort des Weser-Kollegs, die Zeit Mindens als preußische Festungsstadt. Das trutzige Gebäude mit den kleinen Rundbogen-Fensteröffnungen stammt von 1836. Wir gehen zwischen Kirche und Magazin hindurch auf das Schnurrviertel zu, dessen Name sich auf seine urige wie zauberhafte Kleinteiligkeit bezieht, die man auf Katzenart schnurrend und durch die Kopfsteinpflastergassen schlendernd entdecken sollte.

ZEITLOS CAFÉ Ein entzückendes kleines Lokal im pittoresken Schnurrviertel ist das zeitlos Café, das neben den gemütlichen Räumlichkeiten eines historischen Fachwerkhauses auch über eine Dachterrasse mit Blick auf das Windloch verfügt. Auf der Karte finden sich Kulinarikklassiker ebenso wie kreative vegane und vegetarische Kompositionen. www.zeitlos-minden.de

◀ Proviant-Magazin in der Oberstadt ▶ Museumszeile in der Ritterstraße

◀ Die Glacis-Brücke ▶ Oberstadtidylle im Schnurrviertel

AUF UND AB

Insbesondere sticht hier die historische **Museumszeile** in der Ritterstraße heraus. Die Museumsgründung geht auf das Jahr 1922 zurück. Über die Jahre wurden auch die benachbarten typischen Fachwerkhäuser der Weserrenaissance in den Komplex miteinbezogen. In den Räumlichkeiten finden sich nun umfangreiche Ausstellungsbereiche zur Stadtgeschichte und im zugehörigen Kaffeemuseum Wissenswertes aus der Historie der in Minden ansässigen Firma Melitta. Im Kontrast zum Fachwerk steht das Backsteingiebelhaus **»Hansehaus«** von 1547 am Papenmarkt, dessen prächtigen Staffelgiebels wir kurz nach dem Museum ansichtig werden, und es geht noch mal nach links. Nun haben wir das **»Windloch«** vor uns. Das knuffige weiße, extrem schmale Fachwerkhäuschen ist wohl das kleinste der Stadt, sieht einem märchenhaften Hexenhaus ähnlich und bekam seinen Namen vom zugigen Standort in der »Hohe Straße« neben der Martini-Kirche. Wir gehen wieder treppab, halten uns links in der Fußgängerzone des Scharn und biegen am **Renaissance-Haus Hagemeyer** beim **»Weserspucker-Brunnen«** rechts auf die nicht minder geschäftige Bäckerstraße ab. Hier liegt zur Linken das **Haus Hill** mit seinem reich verzierten Giebel. Kurz darauf gelangen wir zur Weserbrücke mit dem würdevoll dreinblickenden, 1901 aufgestellten Denkmal des **Großen Kurfürsten** am ehemaligen Wesertor. Durch den Park an der Uferstraße sind wir schnell wieder zurück am Wohnmobil auf Kanzlers Weide.

AUF EINEN BLICK

Info

STADT/REGION: Minden, Porta Westfalica
BESTE REISEZEIT: ganzjährig
OPTIMALE REISEDAUER: 1–3 Tage
TOURIST-INFO: Minden Marketing GmbH, Domstraße 2, 32423 Minden, Tel. 0571/829 06 59, www.minden-erleben.de

SEHENSWÜRDIGKEITEN

KAISER-WILHELM-DENKMAL: Kaiserstraße 15, 32457 Porta Westfalica, Tel. 0571/83 72 80, www.kaiser-wilhelm-denkmal.lwl.org, GPS: 52.24740, 8.90123
FERNMELDETURM: Jakobsberg 1, 32457 Porta Westfalica, Tel. 0571/97 38 88 99, www.fernsehturm-porta.de
BESUCHERBERGWERK KLEINENBREMEN: Rintelner Straße 396, 32457 Porta Westfalica, 05722/902 23, www.bergwerk-kleinenbremen.de
WASSERSTRASSENKREUZ: 32425 Minden, Tel. 0571/645 80, GPS: 52.30352, 8.93215
MINDENER DOM: Großer Domhof 10, 32423 Minden, Tel. 0571/83 76 41 00, www.dom-minden.de
STADTRUNDGANG MINDEN: Minden-App, QR-Codes, Minden Marketing GmbH, Domstraße 2, 32423 Minden, Tel. 0571/829 06 59, www.minden-erleben.de
ST. MARTINI-KIRCHE: Martinikirchhof 1, 32423 Minden, Tel. 0571/269 02, www.martinigemeinde.de
SCHNURRVIERTEL: www.schnurrviertel.de
MINDENER MUSEUM: Ritterstraße 23, 32423 Minden, Tel. 0571/972 40 20, www.mindenermuseum.de
HANSEHAUS: Papenmarkt 2, 32423 Minden, Tel. 0571/837 66 20, www.kultur-im-hansehaus.de
WINDLOCH: Hohe Straße 11, 32423 Minden, GPS: 52.28816, 8.91473
WESERSPUCKER-BRUNNEN: Scharn 18, 32423 Minden, GPS: 52.29003, 8.91668
DENKMAL GROSSER KURFÜRST: Klausenwall/Ecke Kaiserstraße, GPS 52.28950, 8.92241

◀ Wassersport am Mittleren See ▶ Plätze im Campingpark Weserbogen

CAMPINGPARK GROSSER WESERBOGEN

ADRESSE: Zum Südlichen See 1, 32457 Porta Westfalica,
Tel. 05731/61 88, www.grosserweserbogen.de
ANFAHRT: Von der A2 Ausfahrt 33 Porta Westfalica auf die B482 und Ausfahrt Metro an der Vlothoer Straße, dritte Ausfahrt auf Hebbelstraße, dritte Straße rechts, Thomas-Mann-Straße Beschilderung folgen, nach der Unterführung links bis zur Schranke am Campingpark.
GPS: 52.22226, 8.83821
Große Campinganlage zwischen Mittlerem und Südlichem See, überwiegend für Dauercamper, gut 100 Touristenplätze in eigenem Bereich zwischen Weser und Badestrand. Ent- und Versorgungsmöglichkeiten gut zugänglich, saubere Sanitärbereiche. Am Sandstrand im Eingangsbereich diverse gastronomische Angebote sowie Kiosk und Spielplätze, Brötchenservice. Diverse Wassersportangebote.

WOMO-STELLPLATZ KANZLERS WEIDE

ADRESSE: Uferstraße/Hausberger Straße, 32423 Minden,
Tel. 0571/829 06 59, www.minden-erleben.de
ANFAHRT: Von der A2 Ausfahrt 33 Porta Westfalica auf die B482 Richtung Zentrum, bis große Kreuzung bei McDonalds, links auf Hausberger Straße bis Kreisel dritte Ausfahrt, folgen bis Abfahrt an Kanzlers Weide.
GPS: 52.28688, 8.92460
Großer Stellplatz in genialer Nähe zur Innenstadt mit verfügbaren 70 Plätzen, befestigt, jedoch kein Schatten, Gebühren über Automat, wenig Steckdosen, Ver-/Entsorgung möglich. Da gleichzeitig normaler Parkplatz, mitunter chaotische Verhältnisse, vor allem am Wochenende gerne abends etwas lauter.

Elegant schwingt sich die Weser durch das Oberwesertal bei Bodenwerder.

Orts- und Sachregister

CAMPING- UND STELLPLÄTZE

IMPRESSUM

Verantwortlich: Kerstin Thiele
Lektorat: Helga Peterz
Layout- und Umschlaggestaltung:
Helene Schumacher
Satz: Silke Schüler
Repro: LUDWIG:media
Kartografie: Huber Kartografie
Herstellung: Anna Katavic
Printed in Poland by CGS Printing

Unser komplettes Programm finden Sie unter

www.bruckmann.de

★★★★★

Sind Sie mit diesem Titel zufrieden? Dann würden wir uns über Ihre Weiterempfehlung freuen. Erzählen Sie es im Freundeskreis, berichten Sie Ihrem Buchhändler, oder bewerten Sie bei Onlinekauf. Und wenn Sie Kritik, Korrekturen, Aktualisierungen haben, freuen wir uns über Ihre Nachricht an Bruckmann Verlag, Postfach 40 02 09, D-80702 München oder per E-Mail an lektorat@verlagshaus.de.

Aus Gründen der besseren Lesbarkeit verwenden wir in diesem Buch das generische Maskulinum. Weibliche und anderweitige Geschlechter-Identitäten werden dabei ausdrücklich mitgemeint, soweit es für die Aussage erforderlich ist.

Danksagung: Für die freundliche Bereitstellung eines Reisemobils zur Recherche an diesem Band danke ich der Firma HOBBY Caravan in Rendsburg.

Bildnachweis: Alle Bilder im Innenteil und auf dem Umschlag stammen vom Autor. Illustrationen: Tiwat K/Shutterstock: passim

Umschlagvorderseite: maurutius images/Chris Seba; Weserlauf bei Höxter
Umschlagrückseite: Das zauberhafte Renaissanceschloss Bevern

Die Deutsche Nationalbibliothek verzeichnet diese Publikation in der Deutschen Nationalbibliografie; detaillierte bibliografische Daten sind im Internet über http://dnb.d-nb.de abrufbar.

ISBN 978-3-7343-2737-7